Barbara Bojack

# Depressionen im Alter

**Ein Ratgeber für Angehörige**

Barbara Bojack

# Depressionen im Alter

## Ein Ratgeber für Angehörige

Psychiatrie-Verlag

**Barbara Bojack**

Depressionen im Alter. Ein Ratgeber für Angehörige

1. Auflage 2003

ISBN 3-88414-359-X

**Bibliografische Information der Deutschen Bibliothek**

Die Deutsche Bibliothek verzeichnet diese Publikation
in der Deutschen Nationalbibliografie; detaillierte bibliografische
Daten sind im Internet über http://dnb.ddb.de abrufbar.

Umschlaggestaltung: markus lau hintzenstern, Berlin

Typografie und Satz: Iga Bielejec, Nierstein

Druck: Clausen & Bosse, Leck

**Psychiatrie-Verlag im Internet: www.psychiatrie.de/verlag**

# Einleitung

Nicht jeder, der in die Jahre gekommene Familienangehörige versorgt, hat den pflegeleichten Opa daheim, der den Garten bewirtschaftet, die Enkel betreut und nebenher noch alle nötigen Einkäufe besorgt. Im Gegenteil, für viele Menschen stellt die Betreuung eines alten Menschen durchaus eine Mühe dar. Zu den körperlichen Beeinträchtigungen und organischen Erkrankungen (viele alte Menschen haben fünf Krankheitsdiagnosen) gesellen sich häufig psychische Störungen, nämlich beispielsweise Depressionen.

Ein depressiver älterer Mann erzählte mir einmal, er fühle sich, als ob er jeden Morgen einen zentnerschweren Kohlensack schultern müsse und dazu verdonnert sei, ihn den ganzen Tag mit sich herumzuschleppen, wie damals in der schlechten Zeit, als man Ähnliches von weit her geschleppt habe, nur dass er damals leichtfüßiger dahergekommen sei. Das Schlimme sei, berichtete er weiter: »Du glaubst, die Schinderei geht nie mehr zu Ende.«

Einem Menschen in einer Depression fehlt der gewisse Schwung und der tägliche Antrieb. Bei manchen fällt auf, dass sie gleichzeitig von innerer Unruhe getrieben sind. Kleinste Arbeiten wie das Zähneputzen oder ein Telefongespräch türmen sich wie ein unüberwindbares Hindernis auf. Sie empfinden nur noch Mühe. Depressive Menschen verlieren auf eigentümliche Weise sämtliche Nuancen ihres Gefühlslebens: Sie empfinden, als mache sich eine Art Gefühlskälte breit, die das gesamte Wesen erfasst.

Eine depressive ältere Frau berichtete, sie habe nicht mal mehr das von ihrem Enkel am Morgen bereitgestellte Mittagessen in die Mikrowelle stellen können, sie sei einfach im Bett liegen geblieben.

Nicht immer ist die Depression klar erkennbar. Oft muss der Blick dafür geschärft sein und – man sieht nur, was man kennt – die Anzeichen der Erkrankung müssen bekannt sein, um sie zu verstehen und angemessen handeln zu können.

Gerade Angehörige aber müssen in der Lage sein die Krankheitszeichen zu erkennen, damit sie rechtzeitig Hinweise geben, den Arzt darauf ansprechen und geeignete Hilfe herbeiführen können.

Die Diagnose zu stellen gestaltet sich allerdings oft schwierig.

Es muss ja einen Grund dafür geben, dass fast die Hälfte der Depressiven nicht als solche erkannt werden. Auch Hausärzte, die 70 bis 90 Prozent der Depressiven behandeln, scheinen die Anzeichen nicht rechtzeitig zu erkennen. So werden nur 50 bis 75 Prozent der Fälle mit einer klinisch relevanten Depression vom Hausarzt richtig diagnostiziert.

Dies liegt zumeist am schleichenden Verlauf der Erkrankung und daran, dass Symptome auftauchen, denen zunächst keine Bedeutung beigemessen wird. Oft wird die Erkrankung durch organische Beschwerden verschleiert oder zunächst mit typischen Altersbeschwerden abgetan.

Weitere Gründe liegen darin, dass besonders Männer versuchen die Erkrankung zu kaschieren. Es kann auch sein, dass sie im Alkohol Trost suchen, im Sinne eines »Selbstheilungsversuchs«. Und das soziale Umfeld sagt etwa: »Der war schon immer schwierig«, weil die Menschen das Verhalten nicht zuordnen können oder sich nicht trauen, den depressiven alten Menschen direkt darauf anzusprechen.

Fatal ist auch das Tabu, das regelmäßig psychischen Erkrankungen in unserer Gesellschaft immer noch anhaftet: Besser, jemand hat »es« am Magen als an der Psyche.

Es ist nicht sinnvoll, jedem alten Menschen, der depressiv wirkt, ein Antidepressivum zu verabreichen. Aber es ist wichtig, die Depression anzusprechen bzw. mit dem Patienten abzusprechen, ob und wann ein Medikament verabreicht wird. Eine schwere Depression (der Patient steht nicht mehr aus dem Bett auf, obwohl er es körperlich könnte, er zieht sich sozial vollkommen zurück oder es besteht Suizidalität) bedarf einer ausreichenden medikamentösen

Behandlung. Ausreichend bedeutet hier hoch genug dosiert und lange genug verabreicht, siehe dazu auch das Kapitel über Medikamente.

Folgende Fakten beleuchten nochmals die Lage:

Das Risiko, an einer Depression zu erkranken, beträgt im Laufe des Lebens 20 Prozent (WITTCHEN u. a. 1999, S. 202 ff.). Diese Zahl zeigt, dass die Erkrankung oft vorkommt. Dem steht gegenüber, dass die Erkrankung in der Allgemeinarztpraxis relativ selten vorkommt. Die Häufigkeit der Erkrankung in den Allgemeinarztpraxen wird mit nur 8,6 bis 11,2 Prozent angegeben (WITTCHEN 2000). Da aber der Allgemeinarzt derjenige ist, der 70 bis 90 Prozent der Depressionen behandelt, zeigt sich deutlich, dass offensichtlich ein großer Anteil der Depressiven unbehandelt bleibt.

Auch für medizinische Laien ist es wichtig, die Beschwerden zu kennen, um Ärzten und Personen anderer Hilfeberufe die relevanten Beobachtungen schildern zu können. Oft fällt dem Arzt die Symptomatik bei den kurzen Arztbesuchen, wenn überhaupt welche stattfinden, nicht sofort auf. Der Hausarzt ist auf die Mitarbeit der Umgebung angewiesen. In keinem Fall zwar sollte sich der Angehörige als »medizinischer Wasserträger« funktionalisieren lassen, dennoch ist er ein bedeutender Informationsträger, da er den Patienten kennt, ihn täglich um sich hat und Veränderungen bemerkt und weitergeben kann, damit eine Behandlung diskutiert und eingeleitet werden kann. Er ist sozusagen die Mittelsperson zwischen Arzt und Patient.

Bei alten Menschen hat die Depression noch eine besondere Symptomatik. Nach einem kurzen Vorstadium, in dem sich negative Charakterzüge des Individuums wie Starrsinn, Geiz, Misstrauen verschärfen, tritt Agitiertheit (Unruhe) auf, die sich wie folgt darstellen kann:

Die Kranken jammern und weinen, erzählen in einförmiger Weise immer wieder über ihr Unglück, gehen ruhelos auf und ab, ringen die Hände, schlagen sich an den Kopf und beschäftigen sich ausführlich mit Körperfunktionen, insbesondere mit Stuhlgang. Sie verlieren rasch an Gewicht und schlafen nachts nur noch zwei bis drei Stunden. Die Klagen über die eigene Wertlosigkeit und Schuldhaftigkeit werden ergänzt durch Erzählungen banaler Missetaten in meist weit zurückliegender Zeit. Schließlich kann ein »nihilistischer Wahn« auftreten, in dem der Mensch von seiner eigenen Wertlosigkeit in wahnhafter Weise überzeugt ist, in seltenen Fällen auch andere Wahnphänomene. Die eigene Wertlosigkeit und Sinnlosigkeit und die des ganzen Lebens werden beklagt. Es besteht jetzt sogar Suizidgefahr.

Frau Wunderlich ist 65 Jahre alt. Immer wieder klagt sie über auftretende unklare Oberbauchschmerzen, unklare Rückenschmerzen und Verstopfung sowie über Schlafstörungen und Appetitlosigkeit.

Die Untersuchungen beim Arzt zeigen keine Auffälligkeiten. Die eingeleitete Behandlung der Bauch- und Rückenbeschwerden hilft ebenfalls nicht.

Auffallend ist, dass Frau Wunderlich immer von ihrem Mann zum Arzt gebracht wird. Der Ehemann ist seit drei Jahren im Ruhestand und war leitender Angestellter. Das Ehepaar besitzt ein großes Haus mit Garten. Der Ehemann erfüllte sich zuletzt seinen Ruhestandswunsch, ein Wohnmobil, um zu reisen.

Die Beschwerden der Ehefrau begannen mit Unruhe und Schmerzen anlässlich der ersten Reise. Die zweite Reise musste aus denselben Gründen abgebrochen werden.

Es folgt ein zunehmender emotionaler Rückzug der Ehefrau. Der Ehemann muss den Haushalt und das Kochen übernehmen. Es folgen sozialer Rückzug und drohender Verlust von Freundschaften. Die Patientin traut sich nicht mehr, allein Auto zu fahren. Ihr Mann muss sie in die Stadt begleiten, um Entscheidungen bei Einkäufen zu treffen. Die Frau traut sich nichts mehr zu und wird immer passiver.

In dieser Situation wird sie schließlich erneut beim Arzt vorstellig. Dieser stellt auf Grund des zusätzlichen Hintergrundwissens und der psychischen Situation der Patientin die Diagnose: Depression.

Zusammengefasst nochmals die hier auftretenden Beschwerden: Subjektive Klagen sind deutlich größer als objektive (körperliche) Befunde. Schmerz, Schwindel, Verstopfung, Schlafstörungen, Schuldgefühle, Versagensängste, Ausweichen vor Aufgaben treten besonders auf. Auffallend sind die Verschlechterung der Denk- und Wahrnehmungsfähigkeit. Das Klagen darüber muss also durchaus ernst genommen werden.

# Diagnostik

*»Erna, du siehst ja noch genauso gut aus wie vor 10 Jahren«, sagt eine
Gratulantin beim 80. Geburtstag. Darauf die Jubilarin: »Dann muss ich
damals aber schon sehr alt ausgesehen haben.«*

Die Depression ist kein seltener Befund bei älteren Menschen.
18 Prozent aller über 65-Jährigen leiden an einer Depression. Der
Begriff der Depression ist in den internationalen Klassifikationssys-
temen, der ICD-10 und dem DSM-IV, definiert. Sie gehört zu den
affektiven Störungen.

Die ICD-10 unterscheidet leichte, mittelschwere und schwere
Episoden. Zur Definition der depressiven Episode gehört es, dass
der betroffene Patient unter einer gedrückten Stimmung leidet sowie unter einer Verminderung des Antriebs und der Aktivität. Die
Fähigkeit zu Freude, das allgemeine Interesse und die Konzentration sind vermindert. Ausgeprägte Müdigkeit kann nach jeder kleins-
ten Anstrengung auftreten. Der Schlaf ist meist gestört, der Appetit
vermindert, Selbstwertgefühl und Selbstvertrauen sind fast immer
beeinträchtigt.

Sogar bei der leichten Form kommen Schuldgefühle oder Gedanken über die eigene Wertlosigkeit vor. Die gedrückte Stimmung
verändert sich von Tag zu Tag wenig, reagiert nicht auf Lebensumstände und kann von so genannten »somatischen« Symptomen begleitet werden wie Interessenverlust oder Verlust der Freude, Früh-
erwachen, Morgentief, deutliche psychomotorische Hemmung,
Agitiertheit (Unruhe), Appetitverlust, Gewichtsverlust und Libido-
verlust.

Diese knappe Beschreibung zeigt die Breite der depressiven Erkrankung und weist darauf hin, wie vielschichtig sie in Erscheinung
treten kann. Die Depression hat verschiedene Schweregrade und

ganz unterschiedliche Verläufe. Sie kann zudem mit Wahnsymptomen einhergehen.

Zu Grunde liegen den Depressionen oft Verlust persönlicher Beziehungen, Sinnkrise, Stress oder somatische Krankheiten.

Das A und O ist es zunächst einmal für den Angehörigen, die Depression zu erkennen. Für die Erkennung der Depression sind folgende Symptome oder Verhaltensauffälligkeiten von besonderer Bedeutung: An erster Stelle stehen die Klage über das Nachlassen der Konzentration und die Verlangsamung des Denkens, eine ängstlich-missmutige und reizbare Verstimmung und eine Agitiertheit (Unruhe). Deshalb ist es auch nicht so einfach, die Depression von der Demenz zu unterscheiden (WÄCHTLER 1989, S.142), denn oft sind die anfänglichen Beschwerden ähnlich. Das bedeutet, dass an eine Demenz gedacht wird und es sich um eine Depression handelt oder umgekehrt.

## Depression, Demenz und Morbus Alzheimer

Die Demenz und die Alzheimer-Krankheit sind chronische, langsam fortschreitende Erkrankungen des Gehirns, bei denen es zu einem Absterben von Nervenzellen kommt. Folgen dieses Prozesses sind neben fortschreitender Minderung der Leistungsfähigkeit verschiedenste Störungen: des Gedächtnisses, der Sprache, des Urteils- und Denkvermögens, der Bewältigung alltäglicher Handlungen und der Orientierung.

Die Alzheimer-Krankheit wird in Phasen eingeteilt, während derer sich das Krankheitsbild zunehmend verschlechtert. Zu Beginn lassen sich häufig nur leichte Beeinträchtigungen in bestimmten Bereichen, etwa der Gedächtnisleistung, erkennen. Meist werden sie als normaler Alterungsprozess abgetan. Im weiteren Verlauf der Erkrankung kommt es dann jedoch zu einem zunehmenden Verfall körperlicher und geistiger Fähigkeiten, sodass eine selbstständige Lebensführung zuletzt nicht mehr möglich ist.

Das Erkrankungsrisiko steigt mit dem Alter von etwa 1,5 Prozent bei 60- bis 69-Jährigen auf 20 Prozent bei 80- bis 85-Jährigen an. Nach Schätzungen sind in der BRD etwa 800 000 Menschen an Morbus Alzheimer erkrankt, das entspricht etwa einem Prozent der Bevölkerung.

Die Unterscheidung einer Depression von einer Demenz ist nicht leicht. Anfangs können beim Dementen ängstlich-depressive Symptome auftreten, wie sie auch für eine Depression typisch sind. Die Symptome müssen nicht alle vollständig auftreten, aber es müssen deutliche Verhaltensänderungen zu erkennen sein. So zeigt der Demente zum Beispiel Veränderungen des Appetits, des Schlafes oder der Leistungsfähigkeit. Ein plötzlicher Verlust des Interesses an Tätigkeiten, die der Kranke zuvor gerne ausgeführt hat, kann ein Anzeichen der Depression sein. Mit fortschreitender Erkrankung wird die Unterscheidung zwischen Demenz und Depression leichter. Werden Antidepressiva verabreicht, bildet sich die Depression im Allgemeinen zurück, die Symptome verschwinden wieder. Die Demenz dagegen kann sich zwar vorübergehend stabilisieren, entwickelt sich jedoch langsam fort. Sie ist nicht heilbar.

Für die Unterscheidung der beiden Erkrankungen ist es wichtig, genau zu beobachten und mit dem Patienten zu reden. Erst durch die Änderung des Verhaltens lässt sich die Krankheit genau diagnostizieren. Die endgültige Diagnose stellt der Arzt.

**Trauer**

Bedeutsam zur Erkennung der Depression ist auch ihre Abgrenzung zur Trauer und ähnlichen Verstimmungen.

In den Veröffentlichungen von S. Freud wird die nicht geleistete Trauer als eine bedeutende Ursache für das Auftreten von Depressionen beschrieben. Trauer stellt eine natürliche Reaktion des Menschen auf einen Verlust dar. In dem Prozess der Trauer löst sich der Mensch von der verlorenen Person. Er löst seine psychische Energie

(Libido) von dem »Objekt«. Diese äußere und innere Loslösung erfordert ein hohes Maß an psychischer Arbeit, die Freud »Trauerarbeit« nennt. Gelingt diese Loslösung, so wird die Person fähig zur Intensivierung bestehender und zum Eingehen neuer Beziehungen. Gelingt sie nicht, so kann der nicht bewältigte Verlust langfristig zur »Melancholie« führen. Daraus entsteht ein schwieriger psychischer Vorgang:

Der Verlust des Objektes wird durch dessen Verinnerlichung (Introjektion) ungeschehen zu machen versucht, denn der Betroffene möchte sich möglichst nicht mit dem Verlust abfinden. Auch wenn das Objekt in der realen Welt nicht mehr existiert, so lebt es in der intrapsychischen (inneren) Welt des Trauernden fort. Doch ist nun das ganze Streben und die ganze Energie, die früher auf das Objekt gerichtet war, auf das eigene Ich gerichtet. Dieses Ich muss sich mit einer Ambivalenz, dem Hin- und Hergerissenwerden, auseinander setzen, die sich aus der Gleichzeitigkeit positiver (Liebe) und negativer Gefühle gegenüber dem anderen Menschen ergibt, dessen Verlust als Kränkung und als Verlassenwerden erlebt wird.

Die nicht erreichte Loslösung von dem Objekt führt langfristig zu ausgeprägten Ambivalenzkonflikten: Die eigentlich gegen das Objekt gerichteten Vorwürfe treten durch die Verinnerlichung in Form von Selbstvorwürfen auf.

Entscheidend für die bestehende mangelnde Fähigkeit zur Trauerarbeit, also zur inneren oder äußeren Loslösung vom Objekt, sind die Erfahrungen, die die Person in ihrer Kindheit mit (drohenden) Verlusten gemacht hat. Bei einer gestörten Beziehung zu den engsten Bezugspersonen, vor allem zur Mutter, sieht das Kind sich mit einem drohenden Verlust konfrontiert und erlebt diesen – auf Grund seiner Abhängigkeit von diesen Bezugspersonen – als existenzielle Gefährdung. Bei allen späteren Verlusten oder drohenden Verlusten treten diese frühen Gefühle der existenziellen Gefährdung und der Kränkung wieder auf und erschweren damit die Loslösung vom verlorenen Objekt. Die Entwicklung von Depressionen nach dem Verlust nahe stehender Personen hat ihren Ursprung nicht zuletzt in frühen Kindheitstraumata.

Trauer ist jedoch nicht nur mit dem Verlust nahe stehender Menschen verbunden. Sie ist auch in Situationen und Ereignissen erkennbar. Sie stellt eine natürliche Antwort auf Situationen dar, in denen sich der Mensch von Aufgaben und Tätigkeiten loslösen muss, für deren Erfüllung und Ausübung er zuvor ein hohes Engagement erbracht hat. Dies kann die Aufgabe des Berufes sein oder etwa der krankheitsbedingte Verlust der Gehfähigkeit.

Wird der Abschied von Lebensabschnitten, der Verlust subjektiv bedeutsamer Rollen oder (bei bestehenden Krankheiten) subjektiv bedeutsamer Fähigkeiten und Fertigkeiten nicht bewusst erlebt, ausgedrückt und verarbeitet, so bleiben aggressive Impulse – die auf die Verletzungen und Kränkungen der Person zurückgehen – zurück und richten sich allmählich gegen die eigene Person (siehe KRUSE 1992, S. 84 ff.).

Mit Absicht spricht S. Freud von Trauer*arbeit*, denn das Bemühen des Menschen um eine bewusst vollzogene Loslösung von nahe stehenden Personen sowie früheren, subjektiv bedeutsamen Aufgaben, Tätigkeiten und Rollen ist mit einem hohen Aufwand an psychischer Energie verbunden, der subjektiv als (psychische) Arbeit erlebt wird.

Wird die Trauerarbeit geleistet, so erwachsen daraus neue Entwicklungschancen, da nun Bindungen (an Menschen, an Aufgaben, an Gegenstände) eingegangen werden können. Wird sie hingegen nicht geleistet, so können letztlich auch keine neuen positiven Bindungen, etwa an neue Menschen oder ein Hobby, eingegangen werden. Die weitere Entwicklung ist dann blockiert.

Im höheren Lebensalter wird der Mensch in stärkerem Maße als in früheren Lebensabschnitten mit dem Verlust nahe stehender Menschen konfrontiert. Auch Verluste sozialer Rollen und gesundheitliche Einschränkungen, die ihn daran hindern können, subjektiv bedeutsame Aufgaben wahrzunehmen, ereignen sich oder sind wahrscheinlicher zu beklagen als in früheren Lebensabschnitten. Diese Verluste und Einschränkungen rufen bei vielen Menschen Trauerreaktionen hervor. Wie die notwendige Trauerarbeit geleistet wird – ob sie überhaupt geleistet wird oder nicht und in welchem Maße es der Person gelingt, sich mit Verlusten und Einschränkungen auseinander zu setzen –, ist von den folgenden *Aspekten* beeinflusst (KRUSE 1992, S. 85):

**Biografischer Aspekt:** Wie hat sich der Mensch in seiner Biografie mit Belastungen, Einschränkungen und Verlusten auseinander gesetzt? Wie verarbeitete er den Abschied von anderen Menschen sowie von vertrauten Lebenssituationen, Aufgaben und Rollen, vor allem aber: Wie verarbeitete er Traumatisierungen in der früheren Entwicklung?

**Gegenwartsaspekt:** In welchem Maße fördert oder behindert die gegenwärtige Situation Trauerarbeit: Liegen zahlreiche Belastungen oder Einschränkungen objektiver oder subjektiver Art vor? Nimmt die Person in ihrer gegenwärtigen Situation keine positiven Aspekte wahr, so ist die bewusste Auseinandersetzung mit einzelnen Verlusten und Einschränkungen deutlich erschwert, eine Trauerarbeit nahezu unmöglich.

**Zukunftsaspekt:** Wie nimmt der Mensch seine zukünftige Situation wahr: Ist die Zukunftsperspektive von Sorgen oder sogar Ängsten vor weiteren Verlusten und Einschränkungen bestimmt? Nimmt er seine Zukunft nicht als gestaltbar wahr, so wird dadurch eine Trauerarbeit deutlich erschwert, wenn nicht sogar gänzlich unmöglich.

Trauerarbeit kann im Grunde nur dann geleistet werden, wenn auch in einzelnen Lebensbereichen eine positive Perspektive besteht, die zur bewussten Auseinandersetzung mit einzelnen Verlusten und Einschränkungen anregt und ermuntert.

Trauer ist ein Prozess, in dessen Verlauf sich die psychische Situation des Trauernden verändert. Deshalb wird auch von einer »Begleitung« des Trauernden gesprochen: Er befindet sich auf einem Weg, zeigt während dieses Prozesses unterschiedliche Gefühle, Stimmungen, Einstellungen und Perspektiven und verändert sich selbst.

Der Verlust eines nahe stehenden Menschen, einer subjektiv bedeutsamen Rolle oder Aufgabe sowie der körperlichen und kognitiven Fähigkeiten durch chronische Erkrankungen führt den Menschen an Grenzen. Da die Verluste als endgültig erscheinen, steht er in einer Grenzsituation und kann sie mit den früher erlernten Techniken nicht bewältigen. Neue Formen der Auseinandersetzung sind notwendig. Rat kann jetzt nicht helfen, weil das traurige Ereignis erst verarbeitet und bewältigt werden muss, dafür Anteilnahme beim Trauern.

**MERKE** **Anteil nehmender Beistand, der nicht bedrängt, sondern die Möglichkeit zum Rückzug offen lässt, hilft Trauernden.**

Im Trauerprozess gibt es Phasen des Rückzugs und des Sich-Öffnens, die sich abwechseln können. Der Trauernde erlebt verschiedene Stimmungen und Gefühle. Er versucht sich auf verschiedenartige Weise mit der Situation auseinander zu setzen. Dieser Wechsel in den Gefühls- und Stimmungslagen geht einher mit dem Wechsel zwischen einem Rückzug und einem Sich-Öffnen gegenüber äußeren Anregungen.

Der Wechsel zwischen Phasen deutlichen Rückzugs und Phasen stärkeren Sich-Öffnens ist bei der Begleitung Trauernder zu beachten. Es ist nicht mit einer intensiven Anteilnahme geholfen, die sich nur auf die ersten Wochen nach dem eingetretenen Verlust beschränkt.

Häufig wenden sich Menschen den Trauernden nur in der ersten Zeit zu. Sie lassen dann aber in ihrer Unterstützung nach, und zwar in der Annahme oder der Erwartung, dass sich der Trauernde nun mit dem Verlust abgefunden habe. Die übermäßige Anteilnahme nach dem eingetretenen Verlust entspricht dem Bedürfnis des Trauernden genauso wenig wie der nach einiger Zeit, zum Beispiel nach 2–3 Monaten, erfolgte Rückzug vom Trauernden.

**MERKE** Trauernde benötigen eine längerfristige Anteilnahme, die über den gesamten Zeitraum auf wechselnde Bedürfnisse nach stärkerem oder geringerem Kontakt Rücksicht nimmt.

Der bewusste Abschied von anderen Menschen, von subjektiv bedeutsamen Rollen und Aufgaben oder die bewusste Auseinandersetzung mit Krankheiten verhindert eine Stagnation der Entwicklung, ja sie fördert eine weitere Entwicklung. Entwicklungsimpulse werden von der einen Person früher, von der anderen später wahrgenommen. Entscheidend ist, dass bewusste Trauer die Entwicklung nicht behindert, sondern fördert. Umgekehrt erschwert oder behindert nicht bewusst geleistete Trauerarbeit die weitere Entwicklung.

Die durch nicht (bewusst) geleistete Trauerarbeit häufig verursachten Depressionen symbolisieren auch einen Stillstand der Entwicklung. Die bewusst geleistete Trauerarbeit konfrontiert den Menschen mit Grenzen, manchmal mit intensiv erlebten Krisen, mit dem Verlust der früheren Lebens- und Zukunftsperspektive. Doch daneben ist auch die »Plastizität« des Erlebens und Verhaltens erkennbar, also die Veränderungs- und Entwicklungsfähigkeit des Menschen.

Diese Plastizität, die zunächst als Wandlung der Person im Entwicklungsprozess, später als Potenzial für die Erweiterung kognitiver und körperlicher Leistungsfähigkeit beschrieben wurde, lässt sich auch in der Auseinandersetzung des Menschen mit Verlusten beobachten. Es wird nicht mehr die gleiche Perspektive wie früher, also vor dem Verlust eingenommen, sondern eine veränderte Perspektive, die motivierend wirken kann. Der Verlust selbst kann nicht ganz verarbeitet werden, doch so weit, dass positive Aspekte der Situation wieder vermehrt wahrgenommen und verwirklicht werden.

**MERKE** Wenn es gelingt, zur Entwicklung einer neuen, erweiterten Perspektive anzuregen, die neben den Grenzen auch Möglichkeiten einer selbstbestimmten Alltagsgestaltung umfasst, wird die Begleitung des Trauernden wirklich zur Hilfe. Der Ausdruck von Stimmungen und Gefühlen allein stellt langfristig keine Hilfe dar.

Meist beschränkt sich heute das Verständnis von Trauer auf die psychische Situation nach dem Tod eines nahe stehenden Menschen. Der Begriff der Trauer sollte aber auf den Verlust subjektiv bedeutsamer Rollen und Aufgaben, auf die Situation nach Eintritt einer schweren Erkrankung (verbunden mit dem Verlust einzelner Funktionen, Fähigkeiten und Fertigkeiten) und im Sinne vorweggenommener Trauer auf den bereits gedanklich vollzogenen eigenen Tod oder den Tod nahe stehender Menschen ausgeweitet werden (siehe KRUSE 1992, S. 97).

### Unterscheidung von Trauer und Depression

Die Trauer unterscheidet sich deutlich von der Depression. Der Trauer geht ein Verlust voraus. Während der Trauer lassen das Interesse an den Ereignissen der äußeren Welt und die Fähigkeit zu lieben vorübergehend nach, die Aktivität ist gehemmt. Der Betroffene leistet Trauerarbeit und versucht das Erlebnis zu verarbeiten. Normalerweise gelingt dies in einer gewissen Zeit, die abhängig ist von der Schwere des Ereignisses. Missglückt allerdings der innerseelische Vorgang der Trauerarbeit, mit dem Verlust fertig zu werden, kann eine Depression auftreten.

Trauerarbeit zu leisten ist eine besondere Fähigkeit. Sind nämlich frühkindliche Erfahrungen vorausgegangen, auf Grund derer schon damals keine adäquate Trauerarbeit möglich war, kann es unmöglich werden, in Situationen mit schweren Verlusten die notwendige Trauerarbeit zu leisten. Dann muss der Mensch das sozusagen nachlernen, etwa begleitet von einer Psychotherapie. Grundsätzlich stellen Trauer und Depression verschiedenartige psychische Prozesse dar. Folglich ist davon auszugehen, dass auch die Erlebnisinhalte unterschiedlich sind. Bei der Trauer beziehen sich die Inhalte eher auf das verloren gegangene Objekt oder auf die Vorwegnahme des in naher Zukunft eintretenden Verlustes. Die betroffene Person kann also meistens den Grund der Trauer benennen.

Bei Depressiven sind die Ursachen für den psychischen Prozess subjektiv nicht eindeutig erfahrbar. Bei Depressionen stehen im subjektiven Erleben eher Niedergeschlagenheit und Antriebsverlust im Vordergrund.

Die Depression wird als Zustand erlebt, der sich ohne fassbaren Grund einstellt und häufig als unbeeinflussbar erscheint. Im Zentrum des Erlebens steht nicht der Verlust eines bestimmten Objektes, sondern eine ohne fassbaren Grund aufgetretene Niedergeschlagenheit. Psychische »Arbeit« mit dem Ziel einer Veränderung des inneren Zustandes kann im Erleben der betroffenen Person nicht geleistet werden, weil das Objekt der Arbeit fehlt.

Bei einer Verdrängung der Trauer wurde langfristig nur das Objekt, auf das sich die Trauer bezieht, verdrängt, dagegen nicht die emotionale Qualität der Trauer. Diese emotionale Qualität tritt nicht selten in Form von Niedergeschlagenheit auf, ohne dass immer bewusst wäre, wodurch die Niedergeschlagenheit bedingt ist.

Trauer und Depression können sich auch in anderer Weise ausdrücken, etwa in übermäßiger Aktivität, Ratlosigkeit, aggressivem Verhalten, in Schlafstörungen, vegetativen Symptomen und in übermäßigem Gebrauch von Genuss- oder Betäubungsmitteln.

Beispiel:
Nach dem Verlust des Ehemannes stürzt sich die Ehefrau in Großputz, Renovierungs- und Aufräumarbeiten. Der Umgebung fällt auf, dass viele leere Schlaf- und Beruhigungsmittelpackungen im Papiermüll auftauchen. Die Witwe versucht sich durch Arbeit abzulenken, nimmt aber Medikamente ein, um sich zu beruhigen und um schlafen zu können. Offensichtlich kann sie mit niemandem über ihre Trauer und Gefühle spre-

chen. Die Mitmenschen können nur anhand der Tabletten-schachteln vermuten, dass etwas nicht stimmt. Es besteht die Gefahr, dass sich der Trauerzustand verlängert und in eine Depression mündet.

Für das soziale Umfeld besteht jetzt Handlungsbedarf, Gespräche und Arztbesuch sollten ins Auge gefasst werden.

**MERKE**    **Trauer ist ein natürlicher Prozess, der dem Menschen nicht genommen werden kann. Es ist lediglich möglich, dem Menschen dabei zu helfen, die Trauer zu ertragen und den Verlust zu bewältigen.**

Wird die nach Verlusten eingetretene Niedergeschlagenheit grundsätzlich (ohne die Frage nach möglichen Trauerreaktionen zu stellen) als Symptom der Depression gedeutet, so besteht die Gefahr, dass ein natürlicher Prozess, nämlich der des Trauerns, nicht erkannt und durch die Therapie in seinem Ausdruck behindert wird.

Zu unterscheiden ist die Depression von schlichten »Verstimmungen«. Sie bedeuten, dass die Stimmung von der gewohnheitsmäßigen Stimmung abweicht. In diesem Sinne kann zwar von einer depressiven Verstimmung gesprochen werden, meistens aber wird unter »Verstimmung« etwas anderes verstanden. Stimmungen in dem Sinn meinen dann Stimmungslagen, die sich kurzfristig ändern und rasch vorüber gehen. Verstimmung im Rahmen des Normalen kommt manchmal bei Frauen vor der Menstruation vor, kann aber etwa auch nach einer Gehirnerschütterung auftreten. Die Unterscheidung zwischen Depression und Verstimmung ist deshalb so wichtig, weil der Zugang zum Betroffenen hinsichtlich Hilfe und Beistand, aber auch Therapie ein anderer ist. Der Verstimmte bedarf in der Regel weder einer Psychotherapie noch einer medikamentösen Behandlung.

## Ursachen, Bedingungen
## und Verlauf

*Die Enkelin besucht ihre Oma, die früh Witwe wurde und im Laufe
der Jahre immer wunderlicher geworden ist. Diese fragt nun die Halbwüchsige,
ob sie lieber Kaffee oder Tee trinken möchte, und setzt ihr schließlich ein bräun-
liches Getränk vor, das die Enkelin für Tee hält, weil man ohne weiteres bis
auf den Grund der Tasse sehen kann. Dementsprechend bittet sie um Zitrone,
woraufhin die Oma sie verdutzt ansieht und bemerkt: »Zitrone im Kaffee?
Du wirst auch immer komischer.«*

Es wurde schon viel geforscht, um zu verstehen, wie die Depression
zustande kommt, was die Ursachen sind. Insgesamt muss zugege-
ben werden, dass die Ursachen noch ungeklärt sind.

Es gibt unterschiedliche Spuren. Bereits vor Jahren wurde entdeckt, dass Serotonin und Noradrenalin, zwei Botenstoffe des Gehirns, für das Gleichgewicht im Nervensystem von großer Bedeutung sind. Ist dieses Gleichgewicht gestört, kann dies den Menschen
empfänglicher für depressive Störungen machen.

Serotonin wirkt sich auf die Stimmungen, Gefühle, auf Impulsi-
vität, Appetit und Sexualität aus. Noradrenalin wird für die Verar-
beitung von Sinnesreizen benötigt. Es hat Auswirkungen auf die Gefühle und die Schlafregulation.

Serotonin hat Einfluss auf die Ausschüttung von Noradrenalin.
Sinkt Serotonin, so sinkt auch der Noradrenalinspiegel.

Da sich diese beiden Substanzen so direkt auf die beschriebene
Gefühls- und Stimmungslage auswirken, wird verständlich, dass
lang andauernder Stress zu Depressionen führen kann. Es wird ja
auch häufig im Volksmund gesagt: »Der Akku ist leer.«

Vielen ist diese Erkenntnis nicht neu. Wer hat nicht schon unter
hohem Stress für eine Prüfung gelernt, sie auch bestanden, sich da-

nach aber anstelle eines anhaltenden Glücksgefühls in einem seelischen Loch befunden?

Eine andere Erkenntnis ist diese: Droht Gefahr, veranlasst das Gehirn über die Aktivierung der Nebennierenrinde die Ausschüttung von Cortisol. Damit wird der gesamte Körper in Alarmbereitschaft versetzt. Beim Gesunden kommt ein Rückkopplungsmechanismus in Gang, der nach gewisser Zeit für einen Abbau des Cortisols sorgt. Beim Depressiven bleibt die Konzentration des Stresshormons dauerhaft erhöht.

Es werden auch genetische Ursachen für die Entstehung einer Depression in Erwägung gezogen. Acht verschiedene Gene sollen an der Entstehung der Depression beteiligt sein. Häufig lassen sich in der Familie von Depressiven Angehörige finden, die ebenfalls zu Depressionen neigen. Dies würde diese Hypothese unterstützen. Ein endgültiges Resultat haben diese Untersuchungen allerdings noch nicht ergeben. Unklar ist zudem, inwiefern es sich dabei letztlich doch um ein gelerntes Verhalten handelt.

Äußere Faktoren, die sich in Form von Belastungen zeigen, können einer Depression vorausgehen. Diese belastenden Ereignisse werden als Life-Events bezeichnet, beispielsweise Wohnungswechsel, Partnerprobleme, Verlust der Arbeit oder einer wichtigen Bezugsperson. Solche Faktoren können in drei Gruppen untergliedert werden, nämlich somatische, reaktive und Entwicklungsfaktoren.

Somatische Faktoren:

- Aktuelle oder chronische körperliche oder seelische Erkrankungen – hier können grippale Infekte genauso eine Rolle spielen wie schwere Operationen. Häufig sind gerade bei alten Menschen Hirnaderverkalkung oder Hirnschädigung zu nennen.
- Depressionsauslösende Medikamente (Steroide, Beta-Blocker, Digitalis, Antiparkinsonmittel u. a., Alkohol als Droge).
- Chronische Schmerzen: Viele Ältere leiden unter chronischen Schmerzen des Bewegungsapparates, die oft medikamentös

schwer zu beeinflussen sind. Nicht selten liegt ein schweres Krebsleiden zu Grunde, das die Schmerzen verursacht.

Reaktive Faktoren sind:
o akute Verluste,
o starke Orientierung auf wenige Bezugspersonen,
o lebenszyklische Krisen,
o (chronische) Erkrankungen,
o lang anhaltende Konflikte.

Einige klassische Beispiele für solche reaktiven Faktoren sind über längere Zeit bestehende innere Spannungen mit Schlafstörungen und Störung des Wohlbefindens wie Herzklopfen, Angst etc.

Auch eine ganze Reihe von Faktoren, die aus der Sparte der Life-Events stamme gehören dazu: Scheidung, Umzug, Wohnungswechsel, Verlust einer wichtigen Bezugsperson wie Partner oder Kind, Probleme in der Familie wie Familienkonflikte oder Erkrankung, Wegzug der Kinder, Todesfall im nahen sozialen Bezugsfeld, Zurückstufung oder Beförderung an der Arbeitsstelle, Kündigung, Arbeitslosigkeit, Veränderung finanzieller Verhältnisse, Pension, Berentung, plötzliche Entlastung nach lange andauerndem psycho-physischem Stress, Abschluss einer Prüfung, Partnerprobleme, neue Rollenverpflichtungen, etwa als Pfleger bzw. Pflegerin der Stiefmutter, soziale Veränderungen (sozialer Aufstieg oder sozialer Abstieg), Gefängnisaufenthalt, persönliche Verletzung, Erkrankung.

Entwicklungsfaktoren:
o ängstlich-fürsorglicher Erziehungsstil,
o unzureichend verarbeitete Verlusterlebnisse,
o andere seelische Erkrankungen in der Familie,
o Persönlichkeitsstörungen,
o Störungen in der kognitiven Entwicklung.

Nicht selten spielen Entwicklungen, deren Anfänge schon weit zurückliegen, für die Entstehung einer Depression eine Rolle. So können lebensgeschichtliche Bezüge, wie sie auch durch das Erleben von Verlusten zustande kommen, eine gegenwärtige Verwirklichung in Bezug auf den Erlebensraum beeinflussen und die Entwicklung einer Depression fördern. Erlebensraum umfasst Sinngebung, Aktivität, Beziehungsgestaltung, eine Beziehung zur aktuellen Lebenszyklusphase und eine gesellschaftliche, soziale Dimension. Das heißt, »alte Geschichten« und Konflikte wirken sich bis in die Gegenwart gestaltend und eventuell schädlich aus, besonders wenn sie unbewusst und unbearbeitet sind. Störungen in diesen Bereichen zu überwinden und eine Neuordnung zu erreichen ist Ziel einer Therapie der Depression. Dadurch kann eine dauerhafte Besserung erreicht werden.

## Risikogruppen

Aus dem bisher Gesagten lässt sich ableiten, dass es Menschen gibt, die einem besonderen Risiko ausgesetzt sind, im Laufe ihres Lebens depressiv zu werden. Dies ist für das soziale Umfeld umso wichtiger zu wissen, da die Erkennung dieser Gefahr für das rechtzeitige Eingreifen so bedeutsam ist. Nur so kann der depressive Mensch adäquat begleitet und betreut werden.

Besonders anfällig sind zunächst einmal Frauen, was vielleicht mit der unterschiedlichen Hormonkonstellation von Mann und Frau zusammenhängt.

Eine weitere Risikogruppe sind jene Menschen, die schon einmal an einer Depression erkrankt sind, bei denen depressive Personen in der Familie bekannt sind sowie Menschen mit schweren oder ernsthaften körperlichen Erkrankungen. Die Gefahr, an einer Depression zu erkranken, besteht zudem bei Menschen mit mangelnder oder fehlender sozialer Unterstützung und Anbindung, die also vereinsamt sind und allein oder getrennt leben. Wenn Menschen unter erheblichen psychosozialen Belastungen leiden, wobei ein Ende der Belastungsphase nicht absehbar ist, besteht ebenfalls ein erhöhtes Erkrankungsrisiko. Neigen Menschen zu Substanzmittelmissbrauch (Drogen und Medikamente wie Schlaf-, Beruhigungs-, Schmerzmittel) oder haben kritische Lebensereignisse erfahren bzw. müssen kritische Lebensphasen verarbeiten, sind sie ebenfalls anfällig.

Menschen mit reduzierten Interessen, Zielen, Aktivitäten, Beschäftigungen und geringen Handlungsräumen sind anfälliger für Depressionen, wie sich auch Menschen mit festen, wenig flexiblen und starren Vorstellungen, hohen Ansprüchen, mit Perfektionismus und Misserfolgsorientierung schlechter an veränderte Gegebenheiten anpassen können. Sie halten an alten Zielen fest, sind anfälliger für Enttäuschungen und Hilflosigkeit und verfallen leichter in eine Depression.

Es gibt außerdem Erkrankungen, die eine Depression begünstigen, nämlich kardiovaskuläre (Herz- und Gefäß-)Krankheiten, Schlaganfall, Schilddrüsenunterfunktion, Stoffwechselstörungen, Krebserkrankungen, Parkinson-Krankheit.

**Verlauf der Depression**

Die Depression ist eine »wirkliche« Krankheit. Sie ist nicht mit Verstimmung oder Trauer gleichzusetzen, die jeder als Folge von Schicksalsschlägen oder Kränkungen erlebt, wie oben bereits beschrieben. Sie ist auch nicht kultur- oder altersabhängig.

Eine Depression kann ohne eine zunächst erkennbare Ursache »wie aus heiterem Himmel« auftreten oder sich schleichend entwickeln. Der Betroffene ist der Traurigkeit ausgeliefert und kann nichts dagegen tun. Die Bandbreite der depressiven Störungen ist insgesamt so groß, dass allgemeine Aussagen zum Verlauf der Erkrankung schwierig sind.

Insgesamt nehmen die Depressionen einen relativ günstigen Verlauf verglichen mit anderen schweren psychiatrischen Erkrankungen. Selbst nach schweren Depressionen bleiben nur bei 17 Prozent der Patientinnen und Patienten chronische Störungen zurück.

Bei den leichten Depressionen kann es bei 30 Prozent zu Einschränkungen und Behinderungen kommen, oft sind die bleibenden Einschränkungen jedoch unbedeutend (Rahn 1999, S. 331).

**Depressionen bei alten Menschen**

Eigentlich hat die Depression alter Menschen keine eigene Verlaufs-
form oder Beschwerdelage. Da sie aber oft gleichzeitig mit anderen
Altersbeschwerden auftritt und eventuell auch mit einer beginnen-
den Demenz in Zusammenhang steht, nimmt sie eine Sonderstel-
lung ein.

Dass sich Anpassungsstörungen mit depressiven Symptomen
im Alter ergeben, ist außerdem wahrscheinlicher. Solche Anpassungsstörungen verbergen sich häufig hinter körperlichen Beschwerden oder sind mit kognitiven Beschwerden verbunden. Im
Alter tauchen viele einschneidende Ereignisse auf, so können plötzlich Erkrankungen entdeckt werden oder der Umzug in eine kleine
Wohnung oder gar ein Heim muss verkraftet werden. Viele lieb ge-
wonnene Menschen werden plötzlich krank, versterben oder ziehen
weg. All dies kann eine Depression begünstigen.

Depressionen bei älteren Menschen nehmen eine Sonderstel-
lung ein, weil sie schwierig zu erkennen sind, was daran liegt, dass
sich die Lebenseinstellung im Alter verändert und das Erleben ein
anderes wird. Auch kognitive Leistungseinbußen sind zu verkraften.
Zudem kann eine rückwärts gerichtete Einstellung des Menschen,
der an Aktualitäten weniger interessiert ist, eine Depression verschleiern. Ältere Menschen leben häufig gedanklich in früheren Zeiten, weil die Gegenwart so trübe und beschwerlich erscheint. Sie
träumen davon, wie schön sie es hatten, als ihre Mutter sich noch
um sie kümmerte, und dergleichen mehr.

Eine weitere Rolle spielt die Suizidgefährdung älterer Menschen. Die Suizidrate ist im Alter besonders bei Männern am höchs-
ten; die Rate der vollendeten Selbstmorde ist bei älteren Menschen

hoch im Vergleich zu jüngeren Menschen (MICHEL / SPUHLER 1988, S. 1732 ff.; WELZ / VÖSSING 1988, S. 709 ff. ). Fast alle diese Menschen, die in den Freitod gingen, litten unter psychischen Erkrankungen, wobei die Depressionen eben besonders häufig vertreten waren.

Ein weiterer wichtiger Punkt ist die Tatsache, dass Medikamente einer besonderen Dosierung und Auswahl bedürfen, da viele ältere Menschen an »Herzschwäche« leiden bzw. an mehreren Erkrankungen, wodurch bereits andere Medikamente eingenommen werden und daher nur bestimmte Psychopharmaka zur Verfügung stehen.

Neben diesen speziellen Aspekten hat sich herausgestellt, dass einige Symptome besonders häufig bei depressiven älteren Menschen gefunden werden: Reizbarkeit, Misstrauen und hypochondrische Züge. Aber auch die »stumme« Depressionssymptomatik mit Resignation, Apathie und Müdigkeit findet sich häufig. Sicher hat jeder schon einmal den stumm in der dunklen Ecke sitzenden, dumpf vor sich hin starrenden Menschen erlebt, der kaum auf Ansprache reagiert, nicht weil er taub, sondern weil er depressiv ist.

Gegenüber jüngeren Depressiven sind alte depressive Menschen häufiger mit Konzentrations- und Gedächtnisstörungen behaftet, während Selbstvorwürfe und Schuldgefühle etwas seltener vorkommen. Alte Menschen haben aber oft mehrere Erkrankungen. Das bedeutet, dass körperliche Erkrankungen und Depression eben häufig zusammenfallen. Akute wie chronische Erkrankungen erhöhen das Depressionsrisiko (HELL 1993, S. 9 ff.). Aus diesem Grunde sollte bei alten Menschen, die über körperliche Beschwerden klagen, auch immer an ein depressives Leiden gedacht werden.

## Symptome

*Zwei alte Männer sitzen in der Gastwirtschaft. Sagt der eine:*
*»Also, wenn ich zwischen Parkinson und Alzheimer wählen müsste,*
*würde ich Alzheimer nehmen.« – »Warum?«, fragt der andere.*
*»Na, lieber vergesse ich mein Bier zu bezahlen, als dass ich es verschütte.«*

### Frühe Anzeichen

Die Frühsymptome einer Depression sind unspezifisch. Gerade wenn psychosomatische oder psychosomatisch anmutende Beschwerden vorliegen, kann dies ein Zeichen einer Depression sein, dies gilt auch für uncharakteristisch erscheinende psychopathologische Beschwerden.

Gemeint sind dabei jene Patienten, die »ewig beim Arzt rumsitzen«, immer über die Unerträglichkeit der Beschwerden jammern, eigentlich nichts wirklich Greifbares haben, aber das gesamte soziale Umfeld nerven und auf Trab halten. Sie wollen Aufmerksamkeit, Zuwendung, sie wollen aufgeheitert werden, ohne selbst etwas Geeignetes dazu zu tun oder tun zu können.

Auch Symptome wie Verstopfung, Herzklopfen, Schweißausbrüche, abnorme Körperreaktionen können Frühsymptome darstellen.

Solche Beschwerden und Verhaltensweisen sind im Vorfeld richtungsweisend. Sie treten früh auf und können sich innerhalb von sechs Monaten zur Depression auswachsen, wie Studien belegen. Ganz besonders dann, wenn solche Beschwerden gehäuft auftreten und wechselnd lokalisiert werden, sollten sie aufmerken lassen: Medizinisch lässt sich nichts Greifbares nachweisen, trotz der Behandlung beim Arzt werden die Beschwerden nicht besser und passen auch zu keiner anderen körperlichen Erkrankung.

Klagt jemand mehr als drei bis vier Wochen über Einschlaf- und Durchschlafstörungen oder wacht er im Morgengrauen »wie gerädert« auf, obwohl es noch nicht Zeit zum Aufstehen ist, sind dies Alarmzeichen einer Depression.

Gerade heute in den Tagen der Budgetierung und der knappen Zeit ist der Arzt auf die Mithilfe und Beobachtung des sozialen Umfeldes des Patienten angewiesen, um eine solche Erkrankung, die so viele Gesichter haben kann, zu erkennen.

Die Erkennung und angemessene Behandlung sind deshalb so wichtig, weil eine Chronifizierung vermieden werden muss, selbst wenn man berücksichtigt, dass die Erkrankung unter Umständen ohne Behandlung wieder verschwindet.

Depressive Menschen verlieren sämtliche Nuancen ihrer Gefühlswelt: Sie empfinden keinerlei Freude mehr, eine innere Gefühlskälte macht sich breit und erfasst das gesamte Wesen. Der tägliche Schwung und Antrieb fehlen bei vielen Personen. Andere wiederum werden von einer inneren Unruhe getrieben. Kleinste Arbeiten türmen sich als unüberwindbare Berge auf.

Weitere Symptome können nach E. RAHN (2000, S. 321) sein:

**Somatischer Bereich:** Schlafstörungen, Appetitverlust, Druck- und Engegefühl in der Herzgegend, Schmerzen in Kopf- und Bauchbereich, Magen- und Darmbeschwerden, Schwindel.

**Motorischer Bereich:** Hohe Erregbarkeit (Agitiertheit), Verlangsamung, Hemmung, Inaktivität, Erschöpfung, Kraftlosigkeit (Adynamie), herabgesetztes Aktivitätsniveau.

**Emotionale Beschwerden:** Angst, niedergeschlagene Stimmung, Verzweiflung, Leere, Denkschwierigkeiten, Freudlosigkeit.

**Motivationale Beschwerden:** Interessenverlust, Antriebslosigkeit, Entschlussunfähigkeit, Entscheidungsunfähigkeit, Selbstmordgedanken, Gedanken an den Tod.

**Kognitive Beschwerden:** Gedächtnisschwäche, Konzentrationsmangel, Grübeln, Selbstvorwürfe, Schuldgefühle, Pessimismus, Sorgen um die eigene Gesundheit, die eigenen Fähigkeiten und über die Zukunft, Versagen, Gefühl der Wertlosigkeit, negative Denkinhalte.

**Interpersonale Beschwerden:** Sozialer Rückzug, leise Stimme, geringer Blickkontakt, Einengung der kommunikativen Fähigkeiten und der sozialen Fertigkeiten.

Richtungsweisend sind Äußerungen des Patienten wie: »Ich bin am Ende!«, oder: »Mir ist alles egal!« Die Umgebung sollte auf solche wichtigen Hinweise achten. Viele Menschen können Gefühle der Traurigkeit, Wertlosigkeit oder Verzweiflung schwer ausdrücken und verpacken sie in solche Äußerungen.

Ganz eindrücklich sind auch folgende Aussagen von Patientinnen und Patienten (WOLFERSDORF 1992, S. 313):

- »Ich fühle mich arg deprimiert und gar nicht wohl und ich kann gar nichts leisten.«
- »Ich fühle mich immer müde, zurückgezogen, habe große Angst vor der Zukunft.«
- »Ich fühle mich sehr oft durch die vielen seelischen Konflikte, welche mich bewegen, geistig und körperlich völlig erschöpft. Dies hat zur Folge, dass ich oft dem Weinen nahe und in einem trostlosen inneren Zustand bin.«
- »Ich fühle mich körperlich schrecklich, die Beine tun mir weh. Nichts macht mehr Spaß, alles ist mir zu viel, das Kochen, der Haushalt, die Enkel.«
- »Ich habe keine Freude mehr, keinen Hunger, denke, ob ich das noch schaffe, und: Du hast ja doch keinen Wert mehr.«

Ganz typisch ist, dass depressive Menschen oft in der zweiten Nachthälfte nicht mehr schlafen können, viel zu früh aufwachen und sich dann morgens zerschlagen und elend fühlen. Die Gedanken kreisen um die Gesundheit, das finanzielle Auskommen, um persönliche Fehler, um Schuld. Diese Gedanken kann die Person nicht abstellen. Körperliche Beschwerden kommen hinzu, Appetitlosigkeit, Gewichtsverlust, Darmträgheit, sexuelle Störungen, Druckgefühl und Schmerzen.

Frau Kramer ist 52 Jahre alt und arbeitet in einer großen Parfümerie als Verkäuferin. Nachdem sich ihr Freund zwei Monate zuvor auf sehr unschöne Weise von ihr getrennt hatte, bekam sie Schlafstörungen und wurde zunehmend depressiv. Hinzu traten Suizidgedanken, sodass ihr Hausarzt sie krankschrieb. Angehörige und eine Freundin rieten ihr, ihren Exfreund einfach als schlechten Menschen abzutun und nach »einer Alternative« Ausschau zu halten. Die Frau blieb aber verzweifelt.

So kam sie schließlich zu einem Psychotherapeuten, der erst einmal eine Krisenintervention vornahm. Der Therapeut fand mit ihr zusammen heraus, dass biografische Erlebnisse an ihrer jetzigen Depressivität nicht unbeteiligt waren. Die Patientin hatte in ihrer Kindheit mehrere Trennungen miterleben müssen. Damals hatte sie sich genauso hilflos empfunden. Aus dieser Zeit hatte sie eine Trennungsängstlichkeit bewahrt, die in der aktuellen Situation erneut zum Tragen kam.

Nachdem die Hintergründe bearbeitet waren, trat bei der Patientin eine deutliche Erleichterung ein, sie konnte wieder zur Arbeit gehen. Später unterzog sie sich noch einer Kurzzeittherapie und konnte so ihre Trennungsängste bewältigen.

## Nichterkennen der Depression

Die Identifikationsrate depressiver Störungen hängt wesentlich vom Krankheitsverhalten der depressiven Patientinnen und Patienten ab. Weniger als 10 Prozent aller Patienten stellen offen ihre psychischen, depressionstypischen Beschwerden in den Vordergrund (EBEL 2002, S. 124). Sie beklagen in erster Linie körperliche Missempfindungen. An erster Stelle stehen Schlafstörungen, Abgeschlagenheit und Müdigkeit. Viele Patienten legen außerdem ein »Fassadenverhalten« an den Tag und überspielen ihre wahre Stimmungslage.

Da häufig im Zusammenhang mit Depressionen tatsächlich somatische Erkrankungen hinzukommen, werden die Depressionen als randständige Begleiterscheinung abgetan, nicht erkannt und damit auch nicht als eigenständige Erkrankung diagnostiziert bzw. behandelt.

Angstsymptome, die bei mehr als zwei Dritteln der depressiven Patienten auftreten, können eine Depression auf den ersten Blick verschleiern. Auch Suchterkrankungen können über eine Depression hinwegtäuschen.

Die Depression verschwindet oftmals auch ohne Behandlung. Das führt dazu, dass die Erinnerung an diese Episode nicht im Gedächtnis bleibt bzw. auch beim Hausarzt nicht als solche registriert ist. Im weiteren Verlauf kann es so sein, dass die depressive Phase einmalig bleibt, bzw. es kann zu einer Abschwächung kommen, zu einer Rückentwicklung. In einer solchen Phase fallen beim Patienten nur Stimmungslabilität, schnelle Ermüdbarkeit und eine gewisse Leistungsminderung auf.

Eine weitere Schwierigkeit besteht darin, dass die depressiven Symptome bestehende chronische Erkrankungen verstärken können. Ärzte nehmen die Depression dann nicht wahr und die Patienten äußern ihre Beschwerden nicht. So tappen Arzt und Patient im wahrsten Sinne des Wortes im Dunkeln um die Depression herum und fixieren sich wie in einer gemeinsamen, stillschweigenden Absprache auf die äußerlich besser erkennbare körperliche Symptomatik und deren Behandlung.

Um eine Depression zu erfassen oder einen Depressionsverdacht zu bestätigen bzw. auszuschließen, gibt es heutzutage Checklisten, Fragebögen und Tests. Diese werden vom Patienten ausgefüllt oder es wird anhand des Tests ein kleines Interview durchgeführt. Meist dauern solche Test nicht länger als 5 – 10 Minuten. Dadurch kann die klinisch gestellte Diagnose erhärtet werden.

Mit einem bestimmten Test lassen sich weitere psychische Störungen erfassen, etwa Alkoholabhängigkeit, Angststörungen oder Essstörungen. Der Test heißt »Prime MD« (»Primary Care Evaluation of Mental Disorders«, siehe SPITZER 1994, S. 1749 ff.). Gerade für Angehörige ist es wichtig zu wissen, dass es solche Instrumente gibt. Auf diese Weise können sie auf die Tests aufmerksam machen oder um deren Durchführung bitten bzw. verstehen das vom Arzt verwandte Instrumentarium besser.

**Folgender Fragenkatalog kann Hinweise auf eine Depression geben:**

○ Empfinden Sie Ihre häusliche Situation als unbefriedigend, nicht zufrieden stellend, aussichtslos?

○ Fühlten Sie sich in den letzten Wochen häufig wertlos und überflüssig?

○ Sind Sie oft nervös und leicht reizbar?

○ Fühlen Sie sich oft wertlos, machen Sie sich unbegründet Selbstvorwürfe, haben Sie Ihr Selbstvertrauen verloren?

○ Sind Sie traurig, niedergeschlagen, deprimiert?

○ Sind Sie insgesamt verlangsamt, im Sprechen, in der Bewegung, in der Reaktion?

○ Haben Sie das Interesse an Ihrer Familie und Ihren Freunden und Bekannten verloren? Können Sie sich nicht freuen?

**AUSWERTUNG:**

Zählen Sie, wie oft Ja gesagt wurde. Wer über viermal Ja gesagt hat, sollte mit einem Arzt oder einer Ärztin des Vertrauens sprechen.

Bekannt ist, dass die Depression ein gleitendes Krankheitsbild darstellt. Die Diagnose wird klarer, wenn die Symptome und der Schweregrad der Erkrankung zunehmen (MURPHY 1989, S. 231). Doch dabei wollen wir es nicht bewenden lassen. Eine Erkrankung soll so früh wie möglich behandelt werden, um sie so schnell wie möglich zu heilen bzw. bewältigbar zu machen. Das setzt die frühe Erkennung und die Kenntnis des Beschwerdebildes voraus.

## Sucht

Depressive versuchen sich nicht selten mit Rauschmitteln selbst zu helfen, also ihre Stimmung damit zu »korrigieren«. Und auch andersherum: Der Konsum von Rauschmitteln kann auf Grund seiner schädigenden, zerrüttenden Wirkung durchaus depressiv machen. Da sinkende Serotoninwerte, wie sie bei der Depression auftreten, auch die Sucht erheblich zu fördern scheinen, könnte diese aus organischen Gründen bei depressiven Schüben völlig entgleisen. In der Tat kann man nachweisen, dass der Alkoholkonsum steigt, wenn der Serotoninspiegel des Nervensystems sinkt, und umgekehrt. Allerdings ist beim Zusammenhang von Rauschmittelkonsum und Depression auch wissenschaftlich die Huhn-und-Ei-Frage noch nicht beantwortet.

Gerade alte Menschen gelangen leicht in den Zirkel der Alkoholabhängigkeit. Die Bedingungen können unterschiedlich sein:

o Die sozialen Kontakte nehmen ab, beispielsweise durch das Ausscheiden aus dem Berufsleben oder weil Mitmenschen versterben.

o Die familiären Beziehungen und Verpflichtungen haben abgenommen, weil etwa die Kinder erwachsen sind und das Haus verlassen haben.

o Finanzielle Einschränkungen verringern den Lebensstandard, führen zu Verzicht und eventuell zu einer Reizarmut.

o Die körperliche Belastbarkeit nimmt ab, etwa wegen verschiedener Krankheiten oder einer verlängerten Genesungszeit.

o Oft fehlen Aufgaben und es stellt sich ein Gefühl des »Nicht-gebraucht-Werdens« zusammen mit Perspektivlosigkeit ein.

o Bereits geringe Mengen an Suchtmitteln (Alkohol oder Medikamente) führen zum Rauschzustand, da die Toleranzgrenze sinkt und sich die Stoffwechselprozesse im Alter verlangsamen.

Der Griff zur Flasche liegt unter solchen Lebensbedingungen durchaus nahe, denn:

- Alkohol zeigt eine schnelle Wirkung;
- Alkohol ist überall problemlos zu haben;
- Alkohol ist gesellschaftlich akzeptiert;
- Alkohol ist preisgünstig;
- Alkohol wirkt sich günstig auf die Stimmung aus.

Ähnlich ist es mit Medikamenten, auch sie können eine aufhellende Wirkung haben, sind fast immer problemlos zu bekommen und gesellschaftlich akzeptiert.

Die Sucht im Alter ist deshalb nicht zu unterschätzen, Umfragen haben gezeigt, dass 10-17 Prozent der Menschen über 60 Jahre als alkoholgefährdet oder alkoholabhängig gelten. Zum Alkoholismus neigende depressive Personen fangen durchschnittlich fünf Jahre nach ihrem ersten schweren Schub an, regelmäßig zu trinken. Bei Kokain beginnt der chronische Missbrauch durchschnittlich nach etwa zwei Jahren.

Die illegalen Drogen mindern im Allgemeinen das Bewusstsein und damit auch die Schmerzempfindung. Einem schwer Depressiven erscheint diese Wirkungskombination geradezu verlockend und unwiderstehlich. Wo Abhängigkeit entsteht – gleichgültig auf welchem Wege –, liegt eine neue, eigenständige Krankheit vor. Wenn ein depressiver Alkoholiker Antidepressiva einnimmt, kommt dabei ein nichtdepressiver Alkoholiker heraus. Das bedeutet: Die ursprüngliche Motivation für den Drogenmissbrauch auszuschalten befreit den Süchtigen noch lange nicht von seiner Sucht.

Um eine adäquate Behandlung zu gewährleisten, ist individuell zu klären, wie Depression und Alkoholismus zusammenhängen. Dabei gibt es fünf denkbare Möglichkeiten: Die Depression kann eine Ursache, ein Verstärker, eine Folge, eine Begleiterscheinung oder ein auf demselben Problem beruhendes Parallelsymptom der Sucht sein. Entsprechend ist die Wirkung der Antidepressiva, die dann zwar die Depression beseitigen, an der Sucht allerdings nichts ändern. Die Sucht bedarf einer zusätzlichen Behandlung, um die Spirale aus Drogen und Depression wirkungsvoll zu beseitigen. Günstig wäre es somit, beide Erkrankungen gezielt zu behandeln. Auch ältere Menschen sind selbstverständlich solchen Behandlungen zugänglich.

# Suizidalität

*Ein resignierter älterer Herr unterhält sich mit einer alten Dame über die verschiedenen Krankheiten des Alters. Klagt der Herr: »Am meisten Ärger habe ich mit meinen Zähnen. Manchmal tun sie mir so weh, dass ich die ganze Nacht kein Auge zubekomme!« Sagt die Dame: »Das Problem kenne ich nicht, wir schlafen getrennt!«*

## Zahlen und Fakten

Die Depression zu erkennen ist deshalb so wichtig, weil viele Menschen in ihrer Not keinen Ausweg mehr sehen und schließlich zum Suizid (Selbstmord) neigen. Rund 10 Prozent der Kranken sterben durch Suizid.

Wenn man vergleicht, dass es jährlich in der BRD 2000 Drogentote und 8000 Verkehrstote gibt, so ist die Rate der Toten durch Suizid mit 11000 eine sehr hohe Zahl, von der kaum gesprochen wird. Sie sollte nachdenklich stimmen und zur Sensibilität führen, zumal die Zahl der Suizid*versuche* und die Dunkelziffer der Suizide in dieser Zahl nicht erfasst sind. So gibt es unerkannte Suizide, die als Verkehrstote oder Drogentote aufgeführt werden.

Auch die Zahlen über die Suizide bei alten Menschen über 65 Jahren stimmen nachdenklich. Der Suizid tritt bei dieser Bevölkerungsgruppe im Gegensatz zur Gesamtbevölkerung etwa doppelt so häufig auf (HEUFT 1992a, S. 120).

Depressive Syndrome finden sich bei 75 Prozent aller älteren Suizidanten. Nicht jeder, der sich im Alter umbringt, ist depressiv und nicht jeder Altersdepressive ist suizidal. Jedoch sind depressive alte Menschen mehr als andere gefährdet (GROND 1993, S. 92).

**ABBILDUNG 1    Aufstellung des durchschnittlichen Lebensalters von freiwillig aus dem Leben Geschiedenen in Deutschland 1995**
(Quelle: Statistisches Bundesamt 1998)

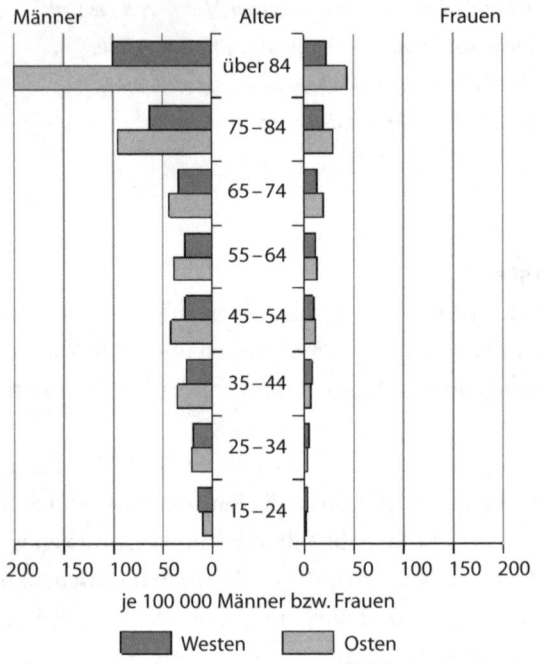

Bei Männern ist die Suizidrate fast dreimal so hoch wie bei Frauen. Dies mag damit zu erklären sein, dass sie mehr unter Einsamkeit und Verlusten leiden als Frauen. Insbesondere ältere Männer pflegen weniger bzw. weniger intensive soziale Kontakte und stehen im Falle des Verlustes von Ehefrau und Angehörigen mit Einsamkeit und Verlustgefühlen allein da (GROND 1993, S. 94). Frauen sind im Allgemeinen psychosozial besser integriert und haben mehr und auch emotional intensivere Kontakte als Männer.

Aufmerken lassen die altersbezogenen Unterschiede in der Häufigkeit der Suizide. Mit zunehmendem Alter steigt die Suizidziffer

Körperliche Erkrankungen als Ursache für den Suizid nehmen insgesamt den zweiten Platz nach der Depression ein.

Auch wenn der Zusammenhang zwischen Suizidalität und körperlichen Erkrankungen nicht immer so eindeutig ist wie bei depressiven Erkrankungen, so tragen doch körperliche Beschwerden, ganz besonders chronische Erkrankungen mit geringen oder fehlenden Heilungsaussichten und sehr schmerzhafte Erkrankungen zur depressiv-suizidalen Verstimmung bei und damit zur Suizidgefährdung im Alter.

Sehr häufig begehen Alleinstehende Suizid, vorrangig die Männer, aber auch bei den Frauen ist der Anteil der Verwitweten hoch.

Ehe oder ähnliche Partnerschaften scheinen so etwas wie ein Schutzschild gegen den Suizid darzustellen. Erst bei tief greifenden und chronifizierten Konflikten mit dem Partner oder anderen Familienangehörigen verlieren Ehe und Familie ihre Schutzfunktion. Zerrüttete intime Beziehungen werden dann häufig zu Motiven und Auslösern für suizidale Handlungen (ERLEMEIER 1992, S. 48).

Herr Kühn rief am Karfreitag seine in Amerika lebende Tochter an, sie möge doch kommen. Herr Kühn lebte allein, seit seine Frau gestorben war, und fühlte sich sehr einsam und gebrechlich. Zu den Nachbarn hatte er wenig Kontakt, Freunde und Bekannte hatte er keine. Die Tochter sagte ihm, dass sie nicht so einfach aus Amerika nach Deutschland kommen könne. Es gab ein ziemliches Hin und Her, das ihn offenbar resignieren ließ.

Am Ostersonntag erschoss sich Herr Kühn mit dem Luftgewehr, das er noch aus jungen Jahren besaß.

Vereinsamung und Isolation spielen eine große Rolle bei suizidalen Handlungen alter Menschen. Bei Suizidanten sind die Kontakte zu Freunden und Bekannten und die Verfügbarkeit von Vertrauenspersonen geringer ausgeprägt als bei vergleichbaren anderen Gruppen, bei denen dies untersucht wurde. Bei Männern tritt häufig das Gefühl der Nutzlosigkeit hinzu.

Wenig bekannt ist über die Suizidalität in Altenwohnheimen, auch deshalb, weil sie für die Heimbetreiber ein Tabuthema darstellt. Ein Suizid im Heim schadet dem Ansehen des Heims. Allerdings stehen dem Pflegepersonal im Heim Kontrollmöglichkeiten zur Verfügung. So können sie Suizidversuche oft frühzeitig aufdecken und verhindern, anders als dies bei Alleinlebenden der Fall ist.

Suizid-Ankündigungen verbergen sich oft hinter Sätze wie: »Es hat keinen Sinn mehr«, oder: »Das Beste wäre, wenn ich nicht mehr leben würde.«

Äußerungen dieser Art müssen unbedingt alarmierend wirken und Hilfe auslösen. Entgegen allen landläufigen Meinungen ist es unbedingt notwendig, auf solche Äußerungen einzugehen, sie direkt anzusprechen und aufzuarbeiten, um einen eventuellen Suizid zu verhindern.

**MERKE**   **Ein Mensch mit einem aufmerksamen, intakten sozialen Netz hat meistens keinen Grund mehr, sich umzubringen.**

## Suizidprävention

Ganz bedeutsam sind die Früherkennung und Diagnose suizidaler Anzeichen, Tendenzen und Risikofaktoren. In der Forschung gilt heute, dass Menschen, die vorhaben, ihr Leben zu beenden, der Umwelt oft ihre Absicht signalisieren. Dies kann mit oder ohne Worte geschehen. In jedem Fall müssen solche Signale oder Absichten ernst genommen werden.

Zwar scheinen bei älteren Menschen solche Anzeichen und Ankündigungen weniger häufig zu sein, es besteht aber auch die Möglichkeit, dass sie lediglich seltener wahrgenommen werden. So hat sich herausgestellt, dass viele Menschen, die eine Selbstmordabsicht hegen, sich vorher zum Arzt begeben, der möglicherweise suizidale Signale auf Grund großer Zeitknappheit in den Praxen nicht wahrnimmt oder diese nicht ernst nimmt (ERLEMEIER 1992, S. 82).

Welche nun können die Anzeichen für eine Suizidabsicht im privaten Umfeld sein?

Zunächst einmal kann es sich um recht klare Aussagen handeln: »Ich hänge mich auf!«, »Ich mache bald Schluss!«, »Euch wird es besser gehen ohne mich!« oder auch: »Bald falle ich euch nicht mehr zur Last!«

Indirekt kann sich die Selbstmordabsicht auch im Verhalten zeigen. Es werden zum Beispiel große Mengen geeigneter Medikamente gehortet, wobei selbstverständlich nicht bei jedem alten Menschen Suizidgefahr besteht, nur weil er Medikamente sammelt. Ohnehin ist bekannt, dass die Hälfte der verschriebenen Medikamente gar nicht eingenommen wird, sondern im Apothekenschränkchen verwahrt wird und irgendwann einmal im Müll landet.

Ein anderes warnendes Verhalten ist, dass plötzlich persönliche und geschäftliche Angelegenheiten »definitiv« geregelt werden. Auch die Planung von Begräbnismodalitäten kann eine solche Vorwarnung sein.

Gefahrenkriterien für hohes Suizid- und Suizidversuchsrisiko im Alter betreffen nach SHULMAN (1978, S. 207):

- Männer im höheren Alter,
- die an einer leichten bis mittleren affektiven Störung, begleitet von Hypochondrie und Schlafstörungen leiden,
- allein leben,
- begleitende körperliche Erkrankungen haben,
- kürzlich den Tod des Partners (Verwitwung) zu verschmerzen hatten,
- einen zurückliegenden Suizidversuch während der letzten 2–3 Jahre hatten sowie
- über Zugänge zu letalen (todbringenden) Methoden verfügen.

Eine andere Aufstellung hat WÄCHTLER 1989 vorgenommen (siehe Tabelle).

**Tabelle: Kriterien zur Abschätzung der Suizidgefahr im Alter:**

- Alter über 45 Jahre
- Männliches Geschlecht
- Schwere depressive Symptome
- Schlaflosigkeit
- Pessimismus, Aussichts- bzw. Hoffnungslosigkeit
- Konzentrationsstörungen
- Schwere Schuld- und Unzulänglichkeitsgefühle
- Eigene frühe Suizidversuche
- Suizidversuch bzw. Suizid in Familie oder sonstiger Umgebung
- Eigene psychiatrische Erkrankung, insbesondere Sucht oder affektive Psychose
- Schwere chronische Erkrankung mit Schmerzen oder mit ungünstiger Prognose verbundene körperliche Erkrankung
- Verlust von Beziehungen, von beruflichem / gesellschaftlichem Status
- Keine feste Einbindung in Familie, Beruf, Religionsgemeinschaften

Besonders gefährdet erscheinen alte und vereinsamte Menschen sowie jene mit irreversiblen Verlusten und Zukunftsängsten.

Krisen und Krisenanlässe, die die Bewältigungskapazität eines Menschen überfordern, gilt es aufzudecken. Weiterhin ist es bedeutsam, das Unterstützungspotenzial von Seiten der sozialen Umwelt einzuschätzen, etwa ob die Umwelt Sicherheit und Halt bietet, sodass existenzgefährdende Krisen verhindert werden können, oder ob die Umwelt zur Krisenentwicklung sogar beiträgt.

Zur Abschätzung des Suizidrisikos tragen die Charakteristika des »präsuizidalen Syndroms« nach RINGEL (1969) bei:

Zunehmende psychische Einengung (auf bestimmte Themen, Gedankengänge, Ereignisse) sowie gehemmte und gegen die eigene

Person gerichtete Aggression – im Gegensatz zu aggressivem Verhalten gegen andere – und Selbstmordfantasien sind Hinweise auf ein erhöhtes Risiko für suizidale Handlungen.

Es ist sehr schwer, die Suizidgefährdung älterer Menschen angemessen abzuschätzen, weil es weniger Signale zur Ankündigung gibt und Suizidhandlungen mit größerer Ernsthaftigkeit vorbereitet und durchgeführt werden, als dies jüngere Menschen tun. Des Weiteren gibt es fast keine speziellen Einrichtungen zur Früherkennung suizidaler Tendenzen bei Älteren. Instrumente zu Früherkennung und Abschätzung suizidaler Risiken fehlen ebenfalls.

Grundsätzlich spielt die mangelnde Erreichbarkeit allein lebender alter Menschen durch Dienste der psychosozialen Versorgung eine große Rolle. Viele leben so zurückgezogen und isoliert, dass sie präventive oder therapeutische Hilfe gar nicht erreicht. Umso wichtiger ist es, dass das soziale Umfeld – Nachbarn, Bekannte, Familienangehörige – aufmerksam und zugewandt bleibt.

Jedenfalls möchte ich hier noch einige gravierende landläufige Irrtümer auszuräumen. Falsch sind die Aussagen:

- Suizide geschehen ohne Vorwarnung.
- Diejenigen, die über Suizid reden, begehen keinen.
- Wenn man das Gespräch auf Suizid bringt, sät man erst die Saat und erhöht das Suizidrisiko für den Gesprächspartner.
- Diejenigen, die über Suizid sprechen oder einen solchen versuchen, wollen nur Aufmerksamkeit auf sich ziehen oder andere manipulieren.
- Die beste Antwort auf eine Suizidandrohung ist, denjenigen zur Rede zu stellen und zu sagen: »Mach weiter!«

**MERKE** **Eine Suizidandrohung muss ernst genommen werden und bedarf der professionellen Behandlung. Die beste Suizidprävention ist nach wie vor ein funktionierendes soziales Netzwerk. Es wird sich schwerlich jemand umbringen, der sich in einem Kreis von Menschen eingebunden und angenommen weiß.**

Abschließend eine Bemerkung zu den allgemeinen Lebensbedingungen alter Menschen: Die Entwicklung neuer Leitbilder vom Alter ist gesellschaftlich dringend erforderlich, um die Steigerung des Selbstwertgefühls der alten Menschen sowie um Akzeptanz und Integration im gesellschaftlichen Kontext zu erreichen. Leider ist es immer noch so, dass zwar der 75-jährige Politiker akzeptiert und mit hohen Ehren bedacht wird, aber der 75-jährige Busfahrer von nebenan nicht die gleiche Wertschätzung und Achtung erfährt und als »Tattergreis« abgewertet wird. Oft leidet der alte Mensch unter geringer Akzeptanz und die Umgebung neigt eher zu abwertendem Verhalten.

## Verhaltensweisen
## für den täglichen Umgang

*»Nun, Oma«, fragt die Enkelin, »wie funktioniert das neue Hörgerät?«*
*»Sehr gut, ich habe schon dreimal mein Testament geändert.«*

Vorteilhaft ist es, mit dem depressiven älteren Menschen im Gespräch zu bleiben, zu versuchen ihn abzulenken und auf andere Gedanken zu bringen. Insgesamt sollen das Selbstwertgefühl und die Eigeninitiative gestärkt werden. Es geht nicht darum, eine Leistung zu erbringen, sondern darum, sich zu beschäftigen und etwas aus Spaß und Lebensfreude zu tun.

Wünschenswert ist es zudem, eine Tagesstrukturierung zu erreichen, damit der Betroffene nicht nur grübelt und sich seine Gedanken im Kreise drehen (siehe auch das Kapitel zu Zeitplänen).

**MERKE**   **Unterstützen Sie den älteren Menschen und bringen Sie ihm Verständnis entgegen. Für manche Kranke bedeutet es eine Erleichterung, wenn sie mit jemandem über ihre Probleme sprechen können. Wenn sich der Patient, für den Sie sorgen, in einem leichten Depressionsstadium befindet, kann ihm eine Gesprächstherapie sehr helfen. Sie kann ihm Erleichterung bringen. Ermuntern Sie ihn dazu.**

### Umgang mit Angst und Furcht

Oft sind Angst und Depression eng miteinander verknüpft oder überschneiden sich, deshalb ist es wichtig, mit solchen Beschwerden bzw. Gefühlen umgehen zu lernen.

Es ist nicht immer möglich und auch nicht immer notwendig, den Grund für Angst und Furcht zu kennen, um helfen zu können. Man kann den Betroffenen dennoch beruhigen und ihn Anteilnahme spüren lassen.

Grundsätzlich gilt: den alten Menschen beruhigen und, wenn möglich, Körperkontakt herstellen, zum Beispiel seine Hand nehmen oder die Hand auf seinen Arm legen. Es ist wichtig, auf die Gefühle zu reagieren, die der Patient zum Ausdruck bringt, und ihn gegebenenfalls abzulenken oder die Ursache der Aufregung zu beseitigen. Manchmal flößt etwa ein dunkler Gang Angst ein, dann ist es gut, das Licht anzuschalten oder einen Bewegungsmelder einzubauen, auf dessen Signal hin das Licht angeht.

Ältere Menschen mit einer Depression sind jedenfalls oft ängstlich. Dafür gibt es verschiedene Gründe, sie bekommen Angst, weil sie befürchten, die Alltagsdinge oder ihren Haushalt nicht mehr organisieren zu können. Manche Menschen bekommen Angst, weil sie Ereignisse aus der Vergangenheit mit der Gegenwart durcheinander bringen. Sie machen sich zum Beispiel Sorgen, ob die Kinder auch sicher aus dem Urlaub nach Hause kommen. Andere sind ängstlich oder fürchten sich auf Grund von Sinnestäuschungen oder als Reaktion auf die allgemeine Stimmung im Haus. Die Angst kann Ausdruck davon sein, in einer ständig sich ändernden Welt zu leben. Viele Personen haben eher vage Angst vor der Zukunft. Menschen, die Kriege miterlebt haben, befürchten plötzlich wieder Ereignisse wie Hunger und Not.

Nicht immer ist es möglich, die Ursache der Angst herauszufinden. Für pflegende Angehörige ist es belastend, den Depressiven in solch einem Zustand der Besorgnis und Angst zu erleben. Sie fühlen sich hilflos und ohnmächtig, weil sie nicht wissen, wie sie reagieren sollen.

Wenn der Depressive ängstlich oder furchtsam erscheint, kann er vielleicht dadurch beruhigt werden, dass ihm Verständnis entgegengebracht wird. Es kann ihm gesagt werden, dass verständlich ist, wie ihm zumute ist, dass er sich aber keine Sorgen zu machen braucht. Dabei kann der Patient an der Hand genommen oder der Arm um seine Schulter gelegt werden.

Manchmal kann ein depressiver Mensch gar nicht sagen, was ihn beunruhigt. Es ist dann schwierig, die Ursache herauszufinden. Wenn die Ursache erkennbar ist, kann sie beseitigt werden.

Eine andere Möglichkeit besteht darin, den Patienten von der Ursache seiner Sorge wegzuführen, sowohl im räumlichen wie im übertragenen Sinn. Günstig ist es, auf die Furcht einzugehen, seine Aufmerksamkeit dann auf ein anderes Thema zu lenken oder mit ihm an einen anderen Ort zu gehen, zum Beispiel in ein anderes Zimmer.

Bedeutsam für den Kranken zur Vermeidung von Angst und Furcht ist es, eine gleich bleibende Umgebung zu haben, Routinen zu schaffen und diese aufrechtzuerhalten.

Bekanntes ist weniger von Angst besetzt.

**Selbstbeeinflussung**

In weniger schweren Fällen lässt sich gegen solche Empfindungen wie Angst und Furcht etwas unternehmen. Einiges kann der Betroffene selbst bewirken. Das Motto lautet: Verwandeln Sie Ihre »schwarzen Gedanken« in positive.

Ersetzen Sie hier zur Übung negative Gedanken wie:

- Jetzt fängt das schon wieder an.
- Ich bekomme keine Luft mehr.
- Ich werde noch ganz verrückt.
- Ich schaffe das nicht.
- Ich halte das nicht aus.
- Ich mache alles falsch.
- Es wird gar nie mehr besser.

Hier einige Möglichkeiten:

- Ich brauche nicht gegen meine Gefühle anzukämpfen.
- Auch wenn die Angst noch so unangenehm ist, im Grunde handelt es sich nur um einen Adrenalinschub, und der wird bald vorübergehen.
- Angst ist nicht gefährlich – nur unangenehm.

- Ich habe schon viel Schlimmeres ausgehalten.
- Ich weiß, dass all diese schrecklichen Dinge, die ich mir vorgestellt habe, in Wirklichkeit gar nicht wahr sind. Meine Angst ist eine lästige Angewohnheit – mehr nicht.
- Ich kann Angst haben und trotzdem effektiv arbeiten.
- Ich schaffe das schon.
- Ich schaffe das jetzt.
- Ich habe Angst, aber es wird trotzdem gut gehen.
- Ich brauche das nicht perfekt zu machen.
- Ich entspanne mich und erlaube mir, Mensch zu sein.
- Ich habe die freie Wahl. Ich kann mich so entscheiden, wie es mir richtig erscheint.
- Es ist egal, was andere denken.
- Ich konzentriere mich auf das, was ich zu tun habe.

Sicher ist es nicht möglich, eine schwere Depression mit solchen Sätzen »zu behandeln«. In jedem Fall sind solche Sätze jedoch hilfreich und verhindern den Kreislauf der »schwarzen Gedanken« zu beschleunigen und zu verfestigen, viel mehr tragen sie dazu bei, diese negativen Gedanken günstig zu beeinflussen und auf lange Sicht positiv zu verwandeln.

## Sinnestäuschungen

Hat der depressive Mensch Furcht einflößende Sinnestäuschungen, so sollte man weder vorgeben, diese Dinge auch sehen zu können, noch den Patienten zu überzeugen versuchen, es sei nicht so.

Es ist wichtig, Überzeugungen des Kranken nicht von vornherein für abwegig zu halten. Manchmal treffen sie nämlich zu.

Obwohl falsche Überzeugungen nicht einfach hingenommen werden sollten, kann dem Betroffenen die Sicherheit gegeben werden, dass alles in Ordnung bzw. unter Kontrolle ist. Falsch wäre es, auf der Realität zu beharren. Das könnte den Betroffenen enttäuschen und ihn entmutigen, das mitzuteilen, was er (innerlich) erlebt.

Hilfreich ist es, ihn zu beruhigen und ihm Geborgenheit zu vermitteln. Ruhige Ansprache und sanfte Berührungen können manchmal verwirrte Menschen in die Wirklichkeit zurückbringen.

Eine andere Möglichkeit besteht darin, dem Kranken zu erklären, dass Sie zwar nicht dasselbe hören oder sehen wie er, aber verstehen können, wie ihm zumute und dass er beunruhigt ist. Ablenkung ist auch eine gute Methode, aber sie wirkt nicht immer oder ist auch nicht immer anwendbar. Manchmal hilft es zu erklären, was vorgeht, vielleicht hat der Patient etwas nicht richtig gesehen oder falsch wahrgenommen. Eine Aufklärung kann da Erleichterung bringen.

**MERKE** **Stellen Sie nicht die Überzeugungen des Betroffenen in Frage. Versuchen Sie eher, ihn abzulenken.**

## Umgang mit Antriebslosigkeit

Ein Hauptmerkmal der Depression ist die Antriebslosigkeit: Der depressive Mensch kann sich zu nichts aufraffen, ihm fehlen der Mumm und die Tatkraft.

Während der letzten Monate war es für Herrn Kupka schwer, sich zu Tätigkeiten aufzuraffen. Er saß die meiste Zeit in seinem Sessel, sah vor sich hin, war sich selbst überlassen und tat gar nichts. Seine Frau wusste allerdings, dass er einige Dinge immer noch gerne machte, wenn sie dazu den Anstoß gab. So regte sie an, dass er sich wieder seine Briefmarkensammlung ansah.

Oft sitzt der Kranke nur da oder läuft untätig hin und her und blickt unglücklich drein. Nicht immer ist die Ursache des Verhaltens bekannt oder ermittelbar und zuweilen sogar schwer nachvollziehbar. Mit Geduld und Ausdauer lassen sich aber depressive Menschen allmählich dazu ermuntern, etwas zu tun und Interesse an der Umgebung zu entwickeln. Andererseits muss man sich zeitweise damit arrangieren, dass der Patient seine Ruhe haben will.

Es ist nicht immer einfach, die passenden Verhaltensweisen an den Tag zu legen, aber es gibt verschiedene Möglichkeiten:

**Nicht nötigen:** Nötigen Sie den Kranken nicht, etwas zu tun, wenn er deutlichen Widerstand zeigt. Ermutigen Sie ihn aber immer wieder, etwas zu machen, was er ausführen kann und von dem Sie vermuten, dass es ihm auch Spaß macht.

**Anerkennung zeigen:** Sprechen Sie ihm Lob und Anerkennung für gelungene Tätigkeiten oder für Erreichtes aus. Lassen Sie ihn auch unterbrechen oder aufhören, wenn er genug hat, denn wichtig ist es, dass er Spaß an der Tätigkeit findet.

Denken Sie daran: Pausen gehören auch dazu.

**Anregungen geben:** Versuchen Sie das Interesse des Kranken durch angenehme Tätigkeiten anzuregen: Ausflüge, Musik, erbauliche Umgebung, anregende Gespräche und Besuche. Es ist sehr vorteilhaft, dass der Patient Tätigkeiten ausübt, die er gerne macht und die sowohl Körper als auch Geist ansprechen.

In dem Zusammenhang ist es wichtig, Tätigkeiten zu finden, die er ausführen kann und die er gerne getan hat oder vermutlich gerne tun wird. Günstig sind Beschäftigungen, die mit einer Bewegung verbunden sind und bei denen ein Erfolg zu sehen ist. So kann es zum Beispiel sein, dass sich ein Patient früher immer gerne mit Gartenarbeiten befasste. Er könnte jetzt etwa Blumen umtopfen, aussäen etc. Ist der Patient erst einmal in Bewegung gekommen, fühlt er sich oft schon etwas besser und vergisst sein empfundenes Elend.

Es lässt sich feststellen, dass es oft nur darauf ankommt, wie man eine Tätigkeit vorschlägt und wie man einen Kranken in Schwung bringt. Angehörige sollten konstruktiv bleiben. Es ist besser, Kritik hinten anzustellen, damit er nicht für das nächste Mal entmutigt ist. Er soll in jedem Fall den Spaß an der Sache behalten. Für den Patienten wirkt die positive Resonanz wie ein positiver Verstärker, der ihn veranlasst bei der Sache zu bleiben und sich wieder damit zu beschäftigen.

**MERKE**   Motivation und Animation zu Tätigkeiten können den Depressiven aus seinem schwarzen Loch herausreißen.

## Umgang mit Frustration

Frustration bleibt nicht aus, weder bei dem Depressiven selbst noch bei den Angehörigen.

Regel Nummer 1 lautet deshalb: Behalten Sie den Humor. Das heißt natürlich nicht, dass Sie den Kranken auslachen oder sich lustig machen sollen. Es hat sich bewährt über manches mit einem Lächeln hinwegzugehen und nicht alles todernst zu nehmen. Humor kann in unangenehmen Lagen oder Situationen Entspannung bringen. Vielleicht kann der Patient vor einer Enttäuschung bewahrt werden, indem das Augenmerk auf die lustige Seite der Situation gelenkt wird oder gemeinsam über die Situation oder die unvorhergesehene Wendung des Geschehens gelacht wird.

Der Verlust an Aktivität und die Antriebslosigkeit führen zu einer persönlichen Enttäuschung und untergraben das Selbstwertgefühl, da sich der depressive Mensch in einem Zustand der Hilflosigkeit erlebt. Je mehr er wieder selbst bewältigen kann und zustande bringt, desto besser und selbstsicherer fühlt er sich und desto mehr wächst sein Selbstwertgefühl wieder an. Daher ist es ungemein wichtig, eine Aufgabe selbstständig auszuführen und den Betroffenen zu ermutigen, selbst etwas in Angriff zu nehmen. Wenn es notwendig erscheint, sollten Angehörige ihre Hilfe anbieten und für eine ruhige und entspannte Atmosphäre sorgen. Es ist wichtig, den Patienten nicht bloßzustellen oder abzuwerten. Dies gilt ganz besonders dann, wenn andere Menschen zugegen sind. Es wäre dann unklug, von misslungenen Unternehmungen zu sprechen, das wirkt entmutigend und kränkt. Ein Lob ist wesentlich hilfreicher, egal ob es die Nachspeise oder die Blumenpflege oder die Musikauswahl betrifft.

Beispiel: Halten Sie den Patienten aktiv und vereinfachen Sie ggf. Tätigkeiten oder wandeln Sie sie ab. Etwa: Lassen Sie den Kranken einen kalt gerührten Pudding zubereiten, denn der kann nicht anbrennen.

Angehörige sollten der Langeweile und dem Gefühl der Nutzlosigkeit entgegenarbeiten, dabei aber mehrere Alternativen zur Auswahl anbieten und den Betroffenen selbst entscheiden lassen. Das vermittelt ihm das Gefühl, sein Leben im Griff zu haben. Die Anzahl der Alternativen sollte allerdings überschaubar sein. Zu viele Möglichkeiten können die Entscheidung erschweren und frustrierend wirken.

### Den Kreis der Depression durchbrechen

Menschen, die an einer Depression leiden, geraten nicht selten in einen Kreislauf, aus dem es schwer ist auszubrechen. Durch die Antriebslosigkeit geraten sie in eine Situation, in der sie die Fähigkeit verlieren, viele jener Dinge zu tun, die sie früher gerne getan haben. Sie geraten durch die Antriebslosigkeit in die Abhängigkeit von anderen. Wird das nicht erkannt und nichts dagegen unternommen, werden keine Tätigkeiten in Gang gebracht und aufrechterhalten, dann setzt sich die Spirale fort.

Es kann deshalb Aufgabe sein, den Patienten zur Teilnahme an Aktivitäten zu ermuntern, die er früher gerne gemacht hat, oder nach solchen Ausschau zu halten, die ihm Spaß machen könnten. Es kann nötig sein, ihm dabei zu helfen oder eben neue Möglichkeiten der Beschäftigung und der Bewegung zu finden.

Es bedeutet auch, den Kranken zu ermutigen, bei Entscheidungen über sein eigenes Leben eine aktive Rolle zu übernehmen. Das kann ihm das Gefühl geben, die Dinge in der Hand zu haben oder wieder in den Griff zu bekommen. Das wirkt sich mit Sicherheit positiv auf seine Stimmung aus und macht ihm Mut, neue und andere Dinge anzugehen.

Für den Patienten ist es wichtig, wieder Vertrauen in die eigene Kraft und in seine Fähigkeiten zu bekommen.

Der Durchbruch gelingt, wenn der Patient dazu gebracht werden kann, wieder eine aktive Rolle in seinem Leben zu übernehmen. Das ist möglich, indem er vermittelt bekommt: Du schaffst es. Es bleibt nicht so trüb, wie es momentan erscheint. Die Depression verschwindet wieder, am schnellsten, wenn der Patient ihr selbst den Kampf ansagt und gegen die Depression arbeitet. Der Durchbruch naht, wenn der Depressive sich wieder eine Perspektive vorstellen kann.

## Allein lebende Depressive unterstützen

Natürlich leben auch viele depressive Menschen allein. Manchmal sind die Angehörigen nicht in der Lage, den Kranken bei sich aufzunehmen. Oft will der Depressive selbst seine Wohnung nicht verlassen. Es kann dann schwierig werden, ihn zu versorgen, besonders wenn er nicht im selben Stadtviertel oder Ort wohnt. Möglicherweise müssen weite Strecken zurückgelegt werden, um ihn besuchen zu können.

Unter solchen Bedingungen sind es oft Schilderungen Dritter, auf die Angehörige angewiesen sind, um zu erfahren, wie es dem Kranken geht. Sie sind auf das Hörensagen angewiesen. Das kann Schuldgefühle und Angst auslösen. Angehörige haben vielleicht selbst eine große Familie zu versorgen und müssen arbeiten oder sind selbst nicht gesund und können nur begrenzt helfen. Die Situation verschlimmert sich, weil die Möglichkeiten zu helfen sehr begrenzt sind. Die Hilfe kann aber auch dadurch begrenzt sein, dass der Betroffene Hilfe überhaupt nicht zulässt.

In jedem Fall können Sie Maßnahmen ergreifen, die dem Kranken helfen, allein zurechtzukommen, in seiner Wohnung bleiben zu können und ein relativ erfülltes Leben zu führen, bis es ihm wieder besser geht.

Es ist wichtig, während der Zeit der Erkrankung des älteren depressiven Menschen darauf zu achten, dass er gut versorgt ist und auch das soziale Umfeld gesund bleibt. Um das zu organisieren, können folgende Überlegungen helfen:

- Achten Sie auf seine Gesundheit.
- Sorgen Sie dafür, dass der Kranke regelmäßig die Medikamente einnimmt (vielleicht findet sich zur Unterstützung ein Nachbar oder jemand vom Sozialdienst).
- Übernehmen Sie Hausarbeiten oder finden Sie dafür eine Vertrauensperson.
- Sorgen Sie dafür, dass der Kranke regelmäßig isst und trinkt.
- Sorgen Sie für regelmäßige Körperpflege.
- Vereinbaren Sie regelmäßige Besuche und Telefongespräche.
- Helfen Sie dem Kranken bei alltäglichen Aufgaben (Formalitäten, Zahlungen, Überweisungen etc.).
- Bitten Sie einen Nachbarn, ein Auge auf den Kranken zu haben, auf die Wohnung und die Besuche, damit sich nicht böswillige Menschen Zutritt verschaffen.
- Bitten Sie Bekannte, Freunde, Angehörige, ihn zu besuchen oder ihn anzurufen.

### Einnahme von Medikamenten

Die Medikamenteneinnahme ist ein leidiges Thema, oft neigen depressiv Erkrankte dazu, ihre Medikamente nicht regelmäßig einzunehmen oder sofort nach Besserung wieder abzusetzen. Deshalb ist es notwendig sicherzustellen, dass Medikamente richtig eingenommen werden. Dabei ist Verschiedenes zu bedenken.

Oft wird die Einnahme der Medikamente schlicht vergessen oder die Betroffenen nehmen die falschen Tabletten ein. Dosierungssysteme, in denen die Tabletten für einen Tag oder eine Woche im Voraus übersichtlich vorbereitet werden, können hier helfen. Patient und Angehöriger sehen auf einen Blick, was wann einzunehmen ist.

Manchmal helfen auch Notizen in großen Buchstaben, die an gut sichtbarer Stelle hinterlassen werden, die Einnahme der Medikamente nicht zu vergessen.

Wenn all das nicht hilft, ist es wichtig, jemanden zu finden, der täglich ins Haus kommt und die Einnahme der Medikamente sichert, bis eine Besserung eingetreten ist und der Patient die Medikamente selbst einnimmt.

Um Verwechslungen zu vermeiden, ist es auch angebracht, alle nicht benötigten Medikamente zu entsorgen (Abgabe in der Apotheke).

## Essen

Im Zusammenhang mit der Nahrungsaufnahme gilt es Folgendes zu bedenken: In den Phasen der Depression vergessen die Patienten häufig, sich richtig zu ernähren. Deshalb kann es notwendig sein, den Patienten zu beraten, Nahrungsmittel einzukaufen und zu kochen oder aber »Essen auf Rädern« zu bestellen.

Meist ist der depressive Mensch so passiv, dass er sich gar nicht um seinen Haushalt kümmern kann, deshalb ist es wichtig, verdorbene Lebensmittel aus dem Kühlschrank und den Schränken zu beseitigen. Oft finden sich Lebensmittel, deren Verfallsdatum längst überschritten ist. Ebenso müssen auch Küchenabfälle und der Abfall allgemein beseitigt werden, ggf. muss der Nachtstuhl gereinigt und desinfiziert werden. Hat ein Depressiver ein Haustier, so muss auch für dieses gesorgt werden. Am besten ist es allerdings, wenn der Depressive angehalten wird, das Tier selbst spazieren zu führen und zu versorgen, ansonsten muss jemand gefunden werden, der die Pflege des Tieres übernimmt.

Wenn Sie auf Grund großer Entfernungen oder aus anderen Gründen die anfallenden Arbeiten nicht selbst leisten können, sollte eine Hilfe oder eine Haushaltshilfe organisiert oder der Sozialdienst verständigt werden.

## Besuche und Telefonanrufe

Gerade Depressive können selbst bedingt durch ihre Erkrankung schwer auf andere zugehen. Vielleicht war es schon immer nicht leicht für den Depressiven, Kontakte zu knüpfen oder Freundschaften zu pflegen. Sind Sie Angehöriger oder gehören Sie zum näheren sozialen Umfeld, so besuchen Sie den Kranken regelmäßig oder rufen Sie an. So stellen Sie auch gleichzeitig sicher, dass es dem Betroffenen gut geht, er keinen Unfall hatte, oder erfahren, wenn er etwas benötigt.

Wenn Sie ihn besuchen, sehen Sie gleichzeitig, wie es ihm geht, wie er zurechtkommt, ob eine Besserung eingetreten ist. Vielleicht benötigt er keine Hilfe mehr oder Sie sehen, welche Hilfe auf Grund der veränderten Situation notwendig ist.

Besuche verringern auch die Isolation des Alleinlebenden und helfen dabei, den Lauf der Zeit durch die Bildung von Gewohnheiten einzuteilen. Ihr Besuch kann die einzige Gelegenheit sein, bei der der Patient einen Kontakt mit einem anderen Menschen genießt, ins Freie kommt und Luft schnappen kann. Bitten Sie auch Angehörige, Freunde, Bekannte, Nachbarn oder Gemeindemitglieder des Kranken, mal auf einen kurzen Besuch vorbeizukommen. Ein Besuch hebt die Stimmung und führt aus der Isolation.

**Hygiene**

Da sich die Kranken so »kraft- und saftlos« fühlen, können sie sich oftmals nicht ausreichend pflegen. Sie laufen den ganzen Tag mit ungekämmten Haaren und im Nachthemd herum oder wechseln tagelang nicht die Kleidung. Hier bietet es sich an, dass Sie ihn regelmäßig besuchen oder ihn von anderen besuchen lassen und dafür sorgen, dass er sich duscht oder badet oder wäscht. Manche Patienten sitzen lieber am Waschbecken und waschen sich dort.

Wichtig sind auch Haarpflege und Rasur. Sorgen Sie dafür, dass der Betroffene Unterstützung erhält oder ggf. einen neuen Kurzhaarschnitt bekommt, der leichter zu pflegen ist. Manchmal hilft auch ein Trockenshampoo. Auch die Rasur kann von Nassrasur auf Rasierapparat umgestellt werden.

In Bezug auf Wäsche und Kleider sollte frische Unterwäsche und gewaschene Kleidung bereitgestellt werden, damit der Depressive sich wieder wohler fühlt. Wenn Sie das nicht leisten können, weil Sie zu weit weg wohnen oder aus anderen Gründen verhindert sind, finden Sie eine andere Lösung, indem Sie den Sozialdienst bitten oder Angehörige oder Bekannte, die das übernehmen können.

Zuletzt noch eine Übersicht über günstige Verhaltensweisen und Einstellungen:

- Nehmen Sie die Depression einfach als schwere Erkrankung hin wie etwa eine Operation und ziehen Sie sich nicht zurück. Gerade jetzt braucht der Kranke Ihren Kontakt.

- Ermutigen Sie den Kranken, zum Spezialisten zu gehen. Bieten Sie ihm Ihre Begleitung an.

- Halten Sie sich mit gut gemeinten Ratschlägen zurück. Formulierungen wie »Reiß dich zusammen!« können Schuldgefühle und Versagensängste verstärken. Auch die Empfehlung »Spann dich mal richtig aus, fahr mal weg« hilft einem Depressiven nicht weiter.

- Zeigen Sie Verständnis und Einfühlungsvermögen, auch wenn es schwer fällt, auch wenn die ständige negative Sichtweise des Betroffenen verstimmt und aggressiv macht.

- Hoffnungs- und Freudlosigkeit können ansteckend wirken. Lassen Sie sich nicht dazu hinreißen. Suchen Sie sich als Mitbetroffener Hilfe von außen.

- Haben Sie Geduld – mit sich selbst und mit dem Kranken. Depressive Menschen sind anstrengend, weil sich alles nur um ihre Befindlichkeit dreht. Auch Sie selbst können sich mal hilflos und überfordert fühlen.

- Tun Sie sich jeden Tag etwas Gutes, sonst geht Ihnen die Puste aus. Gehen Sie ohne schlechtes Gewissen mal ins Kino oder Theater oder besuchen Sie Freunde.

- Machen Sie dem Kranken Mut, denn es ist gut, ihm klar zu machen: Eine Depression geht vorüber, auch wenn es manchmal Monate dauert.

- Lassen Sie den Kranken während seiner Krankheit keine weit reichenden und wichtigen Entscheidungen treffen, es ist jetzt nicht der richtige Zeitpunkt dafür.
- Nehmen Sie eventuelle Selbstmordandeutungen ernst.
- Geben Sie dem Kranken die Möglichkeit, sich auszusprechen.
- Denken Sie daran: Krankheitsängste und körperliche Beschwerden wie heftige Bauchschmerzen sind keineswegs nur eingebildet, sie können sich bei depressiven Menschen ins Unerträgliche steigern, auch wenn kein objektiver Befund vorliegt. Natürlich sind körperliche Erkrankungen wie eine Blinddarmentzündung zunächst medizinisch auszuschließen.

### Religiöser Glaube

Es gibt Menschen, denen der religiöse Glaube geholfen hat, die depressive Erkrankung zu bewältigen. Das menschliche Bewusstsein kann als Dreieckskonstellation aus religiösen, psychischen und biologischen Elementen betrachtet werden. Da es beim Glauben um Unerkennbares und Unbeschreibbares geht, handelt es sich um ein schwieriges Phänomen. Es gibt heute viele verschiedene Formen des Glaubens und unzählige persönliche Ausprägungen.

Die Religion gehört zu den ursprünglichsten Möglichkeiten, mit Depressionen umzugehen, denn der Glaube bietet Antworten auf unlösbare Fragen. Zwar kann er gewöhnlich niemanden aus der Schwermut erlösen, hilft jedoch, die depressiven Phasen zu überstehen, und gibt neuen Lebensmut und Trost.

Viele Religionen stellen das Leiden als wesentliche menschliche Erfahrung dar und verheißen uns trotz aller Hilflosigkeit eine gewisse Würde und Sinn.

Ein Beispiel aus der Praxis:

Einer meiner Patienten, der sich in einer schweren Depression befand, beschloss eines Tages, die Medikamente abzusetzen, obwohl ich dagegen war. Er war oft in die Sprechstunde gekommen und ich ließ mir versprechen, dass ich ihn wiedersehen würde. Er sagte mir immer wieder, er habe schlechte Gedanken, aber sein Glaube helfe ihm, diese zu überwinden. Zu meinem großen Erstaunen besserte sich sein Zustand und er wurde gesund.

Die meisten Menschen können allerdings eine schwere Depression nicht aus eigener Kraft oder durch den Glauben überwinden. Sie brauchen medizinische Hilfe und viel Geduld. Der religiöse Glaube kann aber vieles auf dem Weg aus der Depression unterstützen.

# Beschäftigungsmöglichkeiten

*Entsetzt kommen die beiden Enkel vom Besuch bei den Großeltern*
*zurück und berichten:* »*Stellt euch vor, Oma und Opa saßen den ganzen*
*Mittag auf dem Sofa und hatten überhaupt nichts an!*«
»*Das gibt es doch nicht, Oma und Opa haben doch immer etwas an!*«
»*Nein wirklich, sie hatten wirklich überhaupt nichts an;*
*keinen Fernseher, keinen CD-Spieler, nicht mal das Radio.*«

### Gedächtnis- und Konzentrationsübungen

Mit dem Älterwerden geht ein Nachlassen des Gedächtnisses und
der Konzentration einher. Viele alte Menschen werden unglücklich
und depressiv, wenn sie merken, dass diese Leistungen nachlassen.
Grundsätzlich bleibt zwar die Lernfähigkeit bis ins hohe Alter erhalten, wie vieles im Leben aber bedarf auch das Gehirn der Übung.
Um geistig fit zu bleiben, hilft es, Übungen durchzuführen. Diese
können allein oder in der Gruppe erfolgen.

Für viele Tätigkeiten des täglichen Lebens kann es von Vorteil
sein, wenn der Ältere sich eine Liste anfertigt, aus der die anfallenden Tätigkeiten hervorgehen, oder eine Einkaufsliste zusammenstellt, damit beim Einkaufen alles mitgebracht wird. Regen Sie ihn
dazu an. Solche Listen und Zusammenstellungen sind für jedes Alter günstig, sie sind keine Schande für den alten Menschen. Viele Ältere schämen sich solcher Hilfsmittel, obwohl sie heutzutage selbst
an vielen Arbeitsplätzen gang und gäbe sind.

Auch das Pläneerstellen gehört in diese Sparte. Es kann günstig
sein, sich einen Wochen- oder Monatsplan zu erstellen, um den
Mülleimer rechtzeitig auf die Straße zu stellen, die wichtigen Geburtstage nicht zu vergessen oder um den Arzttermin einzuhalten.

Zum Selbsttraining des Gedächtnisses und der Konzentration

sind viele Bücher auf dem Markt, selbst das Lösen von Rätseln und Kreuzworträtseln trägt dazu bei. Auch das Lesen von Büchern und die Teilnahme an einem Literaturkurs oder an Sprachkursen unterstützen solche Bestrebungen.

Es ist auch möglich, Gedächtnistraining in der Gruppe durchzuführen. Die Teilnehmer werden ihrer Leistungsfähigkeit nach zusammengestellt. Sie sollen gefordert, aber nicht überfordert werden. Sollten keine Einrichtungen wie VHS, Gemeindezentrum etc. mit solchen Gruppenangeboten zur Verfügung stehen, lassen sich kleine Gruppen auch in der Nachbarschaft anregen. Warum sollte nicht ein Angehöriger eine solche Gruppe zusammenstellen und leiten? Schon drei oder vier Personen würden ausreichen.

Der Leiter der Gruppe sollte über das Altern und die Depressionskrankheit Bescheid wissen und in Gruppen frei sprechen können. Seine Einstellung zu alten Menschen sollte positiv sein. Er sollte die einzelnen Teilnehmer vorher kennen lernen und über die jeweiligen Lebenssituationen informiert sein.

Es gibt heute Bücher mit Übungen, die in der Gruppe umgesetzt werden können. Wichtig wäre eine Regelmäßigkeit der Gruppe, das bedeutet, dass sie immer zu einem bestimmten Zeitpunkt stattfindet, im selben Raum, unter derselben Leitung und nur für einen begrenzten Zeitraum. Die Stunde kann unter einem bestimmten Thema stehen und das Gedächtnistraining kann in eine offene Gesprächsrunde übergehen.

**Lesetipp:** TANKLAGE 2001, S. 11 ff.

## Interessen wecken

Es ist gleichgültig, ob es sich um Freizeitaktivitäten oder um gewöhnliche Hausarbeiten handelt, immer bringen Tätigkeiten und Tätigsein Ordnung in den Tag. Durch solches Tätigsein werden Begegnungen möglich und es wird für uns spürbar und erfahrbar, wer wir sind. Es gibt Tätigkeiten, die für alte und zudem noch depressive

Menschen nicht möglich sind, weil körperliche oder mentale Einschränkungen vorliegen. Oft fehlen dazu aber vor allem der Antrieb und der Schwung. Der Bewegungsmangel kann dann zu einer erheblichen Verschlechterung des allgemeinen Gesundheitszustandes führen, aber auch zu Langeweile und zu dem Gefühl, nicht mehr gebraucht zu werden.

Übungen und Tätigkeiten können für den Depressiven in mancherlei Hinsicht nützlich sein. Sie können helfen fit zu bleiben, Kontakt zu halten, selbstständig zu bleiben. Außerdem können geistige und körperliche Fähigkeiten aufrechterhalten bleiben. Gerade körperliche Tätigkeiten wirken anregend und schlaffördernd. Darüber hinaus lenken die Tätigkeiten ab und eröffnen neue Perspektiven. Sie bewahren davor, in die Untätigkeit und Vereinsamung abzusinken, und heben das Selbstwertgefühl.

**MERKE** **Stellen Sie sicher, dass der Betroffene genügend Anregung, Bewegung und frische Luft bekommt.**

Jetzt stellt sich natürlich die Frage, wie es möglich ist, Beschäftigungen und Tätigkeiten zu finden bzw. zu entwickeln, die Spaß machen und im Rahmen der Möglichkeiten liegen. Das heißt: sowohl körperlich wie intellektuell und finanziell im Bereich des Machbaren liegen und durchführbar sind.

Ein wichtiger Bereich der täglichen Beschäftigung ist, den Kranken an Alltagsaufgaben im Haushalt zu beteiligen. Kann der Kranke bei Hausarbeiten helfen, vermittelt ihm das das Gefühl, nützlich und wichtig zu sein. Regen Sie ihn an, Arbeiten rund ums Haus und im Garten auszuführen. Das können Arbeiten sein wie den Tisch zu decken, das Auto zu waschen, Blätter zusammenzukehren, Blumen umzutopfen, den Rasen zu mähen, bei der Essensvorbereitung das Gemüse zu putzen, die Wäsche auf- oder abzuhängen u.v.m.

Zu bedenken ist bei all diesen Tätigkeiten, auch wenn sie nicht zwingend nötig sein sollten, von anderen schneller ausgeführt werden können oder anschließend noch »nachgearbeitet« werden muss:

Sie verhelfen dem Patienten zu mehr Selbstwertgefühl. Die Angehörigen können damit auch zum Ausdruck bringen, dass diese Hilfe oder die Gesellschaft für sie sehr wichtig ist. Das wirkt als positiver Verstärker.

Wenn die Beschäftigung einen Zweck hat, wird sie natürlich für den Betroffenen ein größeres Maß an Befriedigung bringen. Er wird auch selbst angeregt, eine Beschäftigung zu finden, die ihm Freude bereitet.

Auf der Suche nach einer geeigneten Tätigkeit oder Beschäftigung für den Erkrankten ist es wichtig, sich vor Augen zu führen, was er früher gerne getan hat. Neben Tätigkeiten, von denen bekannt ist, dass sie ihm Freude bereiten, entdeckt man vielleicht welche, an denen er in der Jugend Spaß hatte oder denen er damals nachging. Es kann nötig sein, die Arbeit abzuändern oder zu vereinfachen, weil sie für den älteren Menschen zu kompliziert ist. Hier sollten Anregungen gegeben werden.

Vielleicht hat die Mutter früher gerne genäht oder gestrickt. Es ist nicht nötig, ein Kostüm zu nähen oder einen Pulli zu stricken. Auch das Nähen einer Tischdecke oder von Stoffservietten kann Freude bereiten. Anstelle des Pullis kann ein Schal gestrickt oder ein Paar Topflappen gehäkelt werden. Drei weitere Anregungen:

o Manche ältere Menschen haben früher viel im Haus repariert und können Kleinigkeiten immer noch erledigen.

o Das Fahrradfahren kann durch das Fahren auf dem Heimtrainer ersetzt werden.

o Wenn Gesellschaftsspiele zu schwierig werden und zu lange dauern, kann man auf eine einfachere Version zurückgehen. Es macht auch Spaß Mau-Mau zu spielen, es muss nicht immer Skat sein.

Wer die früheren Interessen des Kranken und seine Persönlichkeit im Auge behält, kann neue Aufgaben und Aktivitäten für ihn finden, zu denen er körperlich und geistig in der Lage ist. Wenn ein depressiver Mensch künstlerische Neigungen verspürt, kann er am Modellieren oder Malen Gefallen finden.

Die Wahl der Beschäftigung hängt nicht zuletzt davon ab, wie viel Zeit die Angehörigen zur Verfügung haben und wie die finanzielle Situation aussieht.

Es gilt, dem Betroffenen Beschäftigungsmöglichkeiten aufzuzeigen, es geht nicht darum, ihm ein Programm zu bieten und die Rolle des Entertainers oder des Animateurs zu übernehmen. Er soll Interesse und Gefallen an einer Betätigung finden und sich selbst für eine bestimmte Tätigkeit entscheiden. Wird ihm nämlich nur ein Unterhaltungsprogramm geboten, besteht die Gefahr, dass er am Ende des Programms sich selbst nicht zu beschäftigen weiß und ihm das umso deutlicher wird und er erst recht in Hoffnungslosigkeit, Verzweiflung und Depression verfällt.

**MERKE** Bieten Sie etwas an, überlassen Sie aber dem Kranken die Entscheidung, was er weiter betreiben will. Es nutzt meistens nichts, ihn zu etwas zu ermuntern, was Sie selbst gern betreiben würden oder was Sie sich für den Betroffenen vorstellen können.

Frau Keil backt gerne Kuchen. Sie betreut ihre depressive Schwiegermutter und animiert sie zum Kuchenbacken. Die alte Dame backt aber lediglich ihrer Schwiegertochter zuliebe. Da sie nämlich keinen Kuchen mag und noch nie gerne gekocht oder gebacken hat, will sie sich ungern länger mit solchen Tätigkeiten befassen. Sie gibt immer Kopfschmerzen an, wenn die Schwiegertochter sie erneut zum Backen oder zu Küchenarbeiten animieren will.

Das Ziel muss sein, dass der Betroffene ein Hobby oder ein Steckenpferd entdeckt, mit dem er sich gerne befasst. Dazu soll er angeregt werden.

Im Folgenden werden weitere Anregungen gegeben.

**Spazierengehen:** bringt frische Luft, Bewegung, einen Umgebungswechsel und schafft Möglichkeiten, anderen zu begegnen.

Vielleicht haben Sie einen Hund, der gleichzeitig ausgeführt werden muss.

**Tanzen:** Viele alte Menschen sind in der Jugend zum Tanzen gegangen. Indem sie nun zu einem Seniorentanztee gehen oder sich einer Seniorentanzgruppe anschließen, können sie sich an der Musik freuen, sie genießen, frühere Augenblicke des Glückes noch einmal erleben und haben die Möglichkeit, andere Menschen zu treffen und mit ihnen etwas gemeinsam zu erleben und ins Gespräch zu kommen.

**Musik hören:** Vielleicht war der Erkrankte früher in einem Gesangsverein. Auch wenn er jetzt nicht mehr aktiv teilnehmen kann, kann er zuhören und Spaß an der Musik und an den Zusammentreffen haben.

**Musik:** Vielleicht ging der Kranke früher öfter ins Konzert, laden Sie ihn ein. Manche Gemeinden, Schulen oder Musikhochschulen veranstalten Konzerte, die zu niedrigen Preisen besucht werden können. Auch Besuche bei Generalproben bieten sich an, sie sind mit einem geringeren finanziellen Aufwand realisierbar.

**Lesen:** Viele Menschen haben früher gerne gelesen. Gerade wenn die Augen nicht mehr so gut sind: Lassen Sie die Brille überprüfen und besorgen Sie Bücher und Zeitschriften. Es gibt heute viele Bücher im so genannten Großdruck. Wenn Sie keine großen Mittel zur Verfügung haben: Bücher sind in öffentlichen Bibliotheken ausleihbar, in vielen Städten gibt es kostenlose Ortsteilzeitungen oder Wochenblätter. Vielleicht hat Ihr Nachbar eine Zeitschrift abonniert, die Sie übernehmen können, wenn er sie gelesen hat.

**Vorlesen:** Es gibt heute viele Lesungen, die besucht werden können. Auch ist es möglich, dem Patienten aus Büchern oder der Zeitung vorzulesen. Falls Sie selbst keine Zeit haben, vielleicht haben Sie ein Schulkind, das durch das Vorlesen gleichzeitig für die Schule üben kann. Heutzutage gibt es außerdem viele Bücher als Hörkassetten bzw. -CDs.

**Fernsehen und Radio:** Durch das Fernsehen und Radio ist der Mensch heute mit vielen Themen befasst und sieht viele Reportagen und Berichte aus aller Welt. Dadurch ist er informiert und auf dem Laufenden. Achten Sie darauf, dass nicht wahllos ferngesehen wird. Auch Angst und Furcht erzeugende Filme sollten vermieden werden. Ebenso werden alte Menschen schnell von Filmen überfordert, die in der Bildfolge allzu schnell sind. Lassen Sie den Patienten in einer Fernsehzeitschrift gezielt Programme auswählen, die er ansehen will. Das Fernsehen soll anregen, aber nicht jedwede andere Tätigkeit ersetzen. Dasselbe gilt für das Radio.

**Videos:** Viele Menschen erfreuen sich an Videos von Familienereignissen wie Hochzeiten, Taufen oder Festen. Verschaffen Sie dem Erkrankten Zugang zu solchen Videos.

**Feste:** Für viele alte Menschen ist es ein Genuss an Familienfesten oder religiösen Festen teilnehmen zu können. Viele Menschen besuchten früher regelmäßig einen Gottesdienst – regen Sie die alten Menschen dazu an, wieder Kontakt zu ihrer Kirchengemeinde aufzunehmen. Fast überall gibt es Veranstaltungen speziell für alte Leute oder für gemischte Altersgruppen. Animieren Sie den depressiv Erkrankten; vielleicht können Sie ihn auch eine Zeit lang begleiten, bis er Anschluss gefunden hat.

**Gesellschaft haben:** Welcher ältere Mensch freut sich nicht, wenn ein Kind – das kann ein Nachbarskind oder ein Enkelkind sein – ihn besucht und ihm Gesellschaft leistet?

Selbst ein Haustier kann Behaglichkeit vermitteln, weil man zu ihm sprechen kann und es reagiert. Es kann gestreichelt werden. Manchmal kann sogar ein Stofftier als Ersatz dienen.

**Gesellschaftsspiele:** Es gibt heute viele neue Gesellschaftsspiele, die für jedes Alter angemessen sind. Auch Domino, Ratespiele oder Kartenspiele bereiten Freude. Manche Spiele können allein oder mit einem oder mehreren Mitspielern gespielt werden.

**Fotoalben ansehen:** Viele alte Menschen haben Freude daran, alte

Fotoalben anzusehen. Sie werden an schöne Ereignisse erinnert und frohe Stunden werden wieder ins Gedächtnis gerufen.

**Gartenarbeit:** Ein älterer Mensch kann sicher nicht mehr den ganzen Garten umgraben, aber es fallen immer wieder Arbeiten an – wie Beeren zupfen, Obst zusammenlesen oder kleinere Pflanzen einpflanzen –, die von Älteren geleistet werden können, die einen Erfolg zeigen und ihnen Freude bereiten.

Ist der Depressive sehr unbeweglich, kann ihm das Umtopfen oder das Aussäen in Kästen Spaß bereiten.

**Schönheitspflege:** Die Verwendung von Kosmetika bereitet in jedem Alter Freude. Schlagen Sie doch vor, einen Schönheitstag einzulegen mit gründlicher Körperpflege, Gesichtsmaske, Make-up und Nagellack. Oder begeistern Sie für einen Besuch beim Frisör. Selbst wenn ein Frisörbesuch nicht in Betracht kommt, können Sie auch die Haarwäsche mit einem schönen Shampoo und einer Haarkur empfehlen. Sollte das der Erkrankten zu schmerzhaft und unbequem sein, können Sie auch ein Trockenshampoo anwenden und zu einer Kurzhaarfrisur raten, die leichter zu pflegen ist.

Muntern Sie auch den männlichen depressiven Menschen dazu auf, sich zu pflegen und sich regelmäßig zu rasieren. Wenn die Nassrasur zu schwierig wird und er sich schneidet, ermuntern Sie ihn, den Rasierapparat zu verwenden, und leiten Sie ihn dazu an.

Auch ein Schaumbad oder das Duschen fördert die Lebensfreude. Achten Sie darauf, dass das Bad sicher gestaltet ist und keine Rutschgefahr oder Unfallgefahr besteht. Bedenken Sie, ein gepflegtes Äußeres steigert Wohlbefinden und Selbstwertgefühl.

**Sammeln und Ordnen von Dingen:** Immer wieder gibt es im Haushalt Dinge zu ordnen, zum Beispiel Knöpfe, Nägel, Werkzeuge, Briefmarken. Anderes wird gesammelt und irgendwo aufbewahrt: getrocknete Pflanzen, Zeitungsausschnitte oder anderes.

**Fremde Sprachen:** Viele Menschen sind zweisprachig aufgewachsen oder sprechen noch eine andere Sprache. Vielleicht können Sie anregen, eine Konversationsveranstaltung zu besuchen oder eine solche ins Leben zu rufen, oder Sie regen eine entsprechende Unterhaltung an, wenn Sie selbst die Sprache sprechen. Sie können auch Filme in der entsprechenden Sprache ausleihen, Lieder singen oder anhören oder auch Videos oder Hörkassetten besorgen. Auch im Radio und Fernsehen können Sendungen in anderen Sprachen empfangen werden.

**Einladungen:** Es ist immer wieder schön, Gäste zu haben. Wenn Sie die Möglichkeit haben, laden Sie andere Menschen ein, das bringt Leben ins Haus, bereitet Freude und bringt alle auf andere Gedanken. Den depressiven Menschen lenken solche Besuche ab. Falls er stark depressiv ist, sollten Sie besser damit warten, bis eventuelle Medikamente Wirkung zeigen.

**Computer:** Heute befassen sich viele Menschen mit dem Computer, sei es beruflich oder in der Freizeit. Manche ältere Menschen haben sich während ihrer Berufstätigkeit noch damit befasst, für andere war es eher ein Traum, sich selbst vor das Internet zu setzen oder eine Mail zu verschicken. Es gibt Spiele für Computer und interessante Software, mit deren Hilfe Karten gedruckt oder Zeichnungen und Tabellen und vieles mehr erstellt werden können. Regen Sie dazu an, den Computer zu verwenden. Besorgen Sie eventuell eine Computer-Zeitschrift.

Über das Internet sind Massen neuer Informationen erreichbar und Kontakte möglich. Es können Kontakte zu entfernten Verwandten und Bekannten hergestellt werden. Vielleicht können Sie ihren Patienten dafür begeistern.

Sollten keine Computerkenntnisse bestehen, so sind diese durch ein entsprechendes Buch oder einen Kurs bei der VHS erlernbar. Es wäre einen Versuch wert.

**Hobby:** Viele Menschen haben von Jugend an ein Hobby und betreiben es regelmäßig, andere hatten dagegen nie die Möglichkeit, einem Hobby nachzugehen.

Als Bezugsperson kann es von Vorteil sein, den Depressiven dazu anzuregen, sich zu überlegen, was sein Hobby früher war. Wenn er keines hat, stellt sich bei Nachfragen oft heraus, dass der alte Mensch schon immer einen Traum oder ein schlummerndes Interesse hatte; sei es Briefmarken zu sammeln, zu verreisen, einem Kegelclub beizutreten oder einem Chor, selbst wenn dazu keine ausgeprägte Begabung besteht. Ermutigen Sie ihn, jetzt diesen Traum aufzunehmen und umzusetzen. Helfen Sie ihm dabei, die passenden Adressen im Internet, Adressbuch, Branchenverzeichnis oder über die Telefonauskunft zu erfahren. Viele Städte verfügen auch über einen Vereinsführer.

Auch Theater- und Konzertbesuche können ein Hobby sein oder der Besuch von Ausstellungen und Informationsveranstaltungen der verschiedensten Art. Manche alte Menschen nehmen gerne an Busreisen oder Tagesausflügen teil. Bestärken Sie solche Bestrebungen und regen Sie zur Umsetzung an.

Ein Hobby stärkt das Selbstvertrauen und Selbstbewusstsein, es schafft neue Kontakte, bringt Aufgaben mit sich und lenkt die Aufmerksamkeit auf ganz neue Aspekte des Lebens. Es kann Befriedigung verschaffen und dem Leben neuen Reiz bringen.

Oft bedarf es eines Anstoßes durch einen Außenstehenden, um aktiv zu werden. Unterstützen Sie den älteren Menschen bei seinem Vorhaben und ermutigen Sie ihn dazu, aktiv zu werden.

**MERKE** Seien Sie nicht enttäuscht, wenn Ihre Vorschläge oder Ihre Angebote nicht sofort auf Widerhall oder Begeisterung stoßen. Wichtig ist die Anregung. Der Betroffene soll ja inspiriert werden, etwas zu tun, was ihm zusagt und ihm Freude bereitet. Haben Sie Geduld, er wird bestimmt etwas Passendes für sich finden. Es dauert eben seine Zeit, bis er sich entschließen und etwas für sich aussuchen kann. Bei manchen Menschen ist auch ein mehrfaches Vorstellen von Angeboten notwendig, bis sie darauf eingehen können.

Für den alten depressiven Menschen gilt Folgendes: Trotz Gebrechen und Depression gilt das SOK-Prinzip. Dieses bedeutet »Selektion«, »Optimierung« und »Kompensation«.

»Selektion« bedeutet Auswahl, Anpassung und Veränderung von Zielen, Erwartungen, Ansprüchen, Standards und Regeln.

»Optimierung« meint Stärkung und Nutzung vorhandener Ressourcen (Fähigkeiten) und Handlungsmittel.

»Kompensation« bedeutet Schaffung und Training neuer Fertigkeiten, Suchen und Erlernen neuer Wege und Bewältigungsweisen (dazu auch: HAUTZINGER 2000, S. 30).

Zur Beherzigung dieser Regeln kann das soziale Umfeld viel beitragen, indem es die passende Hilfestellung gibt.

Selektion kann zum Beispiel bedeuten, anstelle der aufgegebenen Berufsarbeit eine ehrenamtliche Betätigung zu finden. Optimierung kann bedeuten, dass einige technische Neuerungen, wie etwa ein Haltegriff in der Badewanne oder ein Lifter im Treppenhaus, eingebaut werden, um die Benutzung zu erleichtern. Kompensation bedeutet hier beispielsweise, dass Essen auf Rädern bestellt wird, wenn die Kräfte zum Kochen nachlassen.

Da der depressive Mensch bedingt durch seine Erkrankungen in seinen Gedankengängen kreist und darin gefangen bleibt, ist es notwendig, ihn da herauszubringen. Das bedeutet viel Einsatz, Initiative und Geduld und erfordert, sich nicht entmutigen zu lassen. Der Depressive braucht Ermunterung, bis er wieder stabiler ist und selbst wieder mehr unternehmen kann. Dies ist dann der Fall, wenn sich die Lebenslage wieder verändert und die Medikamente bzw. die Therapie greifen. Man darf sich von Ablehnungen nicht beeindrucken lassen und muss »am Ball« bleiben. Für den Betroffenen ist es wichtig, dass sich jemand um ihn kümmert, Angebote macht und ihm das Gefühl vermittelt, dass man an seine Fähigkeiten glaubt, auch daran, dass es ihm wieder besser gehen und er aus der Talsohle herauskommen wird.

Auch die Angehörigen selbst bedürfen als Pflegende der Ermunterung. Sie sollten sich deshalb mit anderen treffen und dafür sorgen, nicht mit in den Sog der Depression hineingezogen zu werden.

Hier noch drei Tipps, wie Frustration, Enttäuschung, Entmutigung und Langeweile vermieden werden können:

1. Setzen Sie bei den Tätigkeiten eine zeitliche Beschränkung etwa auf 15-20 Minuten. Wenn Sie merken, dass Müdigkeit oder Enttäuschung aufkommt, so beenden Sie die Tätigkeit gleich bei den ersten Anzeichen.

2. Finden Sie eine Aufgabe, die der Patient erfüllen und leisten kann, und bieten Sie ihm Hilfestellung.

3. Bieten Sie dem Kranken in regelmäßigen Abständen Wasser oder Kräutertee an. Die Flüssigkeitszufuhr schützt vor Austrocknung und belebt.

Wenn der ältere depressive Mensch merkt, dass die Tätigkeit nicht gelingt oder zu schwierig für ihn ist, kann es sein, dass ihn das sehr traurig stimmt und er zu weinen anfängt.

Ist die Enttäuschung bereits eingetreten, sollte man zu einer anderen Beschäftigung übergehen oder auch vielleicht helfen. Eventuell ist eine Vereinfachung der Tätigkeit möglich. Ist die Enttäuschung oder Frustration eingetreten, sollte man sie direkt ansprechen und versuchen gemeinsam herauszufinden, woran es liegt und wie Abhilfe geschaffen werden kann. Es ist wichtig, wieder auf andere Gedanken zu kommen und etwas anderes zu unternehmen, das schafft Abstand und ermöglicht neue Überlegungen, welche Beschäftigung Spaß machen kann.

**MERKE**  Spaß ist bei allen Tätigkeiten das wichtigste Element.

## Sport und Übungen zur Aktivierung

Es ist bekannt, dass es durch Sport zu einer vermehrten Endorphinausschüttung im Gehirn kommt, was sich positiv auf die Stimmung auswirkt und insgesamt zu einer Stimmungsaufhellung führt.

Es gibt alte Menschen, die bereits von Jugend an in einem Sportverein oder Turnverein aktiv sind und noch heute in der Beweglichkeit vielen Dreißigjährigen »etwas vormachen«. Die überwiegende Mehrheit der Menschen hat aber so gut wie nie Sport ausgeübt, abgesehen von Spaziergängen oder kleinen Wanderungen.

Das moderne Leben spielt sich häufig im Sitzen, mit wenig Bewegung, viel Stress und häufig ungesunden Essgewohnheiten ab. Das gilt auch für viele alte Menschen. Viele sitzen daheim, sehen fern und bewegen sich wenig. Der Organismus allerdings ist auf Bewegung ausgerichtet!

Nicht umsonst lautet eine Volksweisheit: »Wer rastet, der rostet.« Gerade die Gelenke bedürfen ständiger Bewegung. Der Knorpel muss durchblutet werden, um geschmeidig zu bleiben und um die Bewegungen abzupolstern und abzufedern.

Durch den zivilisatorischen Fortschritt haben wir einen großen Teil unserer natürlichen Vitalität und Geschmeidigkeit eingebüßt. Leider haben wir uns an diesen Zustand gewöhnt und empfinden ihn als »normal«. Erst wenn sich unser Körper durch Signale wie Krankheit und Schmerz bemerkbar macht, erinnern wir uns daran, dass wir uns nur unzureichend um unseren Körper und unsere Fitness gekümmert haben. Setzt allerdings erst einmal Schmerz oder Krankheit ein, dann verspüren wir noch weniger Lust, uns zu bewegen, und neigen eher zu einer Schonhaltung, woraufhin der Bewegungsmangel weiterhin zunimmt. Eine Spirale setzt ein, die es unbedingt zu unterbrechen gilt. Deshalb ist es wichtig, den Körper rechtzeitig als natürlichen Verbündeten und Partner zu entdecken.

Eine wesentliche Voraussetzung, um sich im eigenen Körper wohl zu fühlen, ist, ihn bewusst wahrzunehmen. Wahrnehmung des Körpers sollte zunächst einmal durch Erholung erfolgen. Deshalb ist es wichtig, sich beispielsweise nach dem Mittagessen zu entspannen. Das gilt nicht ausschließlich für ältere Menschen, auch jüngere sollten sich eine solche Entspannungsphase einrichten.

Entspannung kann so erfolgen:

- sich in einen gut gelüfteten Raum zu legen,
- ruhig zu atmen und mit der ganzen Aufmerksamkeit von den Zehen durch den ganzen Körper bis zum Kopf »zu wandern«,
- zwischendurch getrost einzuschlafen, denn das schadet nicht, im Gegenteil, es kann eine zusätzliche Erholung bedeuten.

Zur Entspannung von Seele und Körper gehören dann aber auch Aktivitäten. Ein regelmäßiges Sport- oder Übungsprogramm kann also hinzukommen.

Wer körperlich aktiv ist, wird schnell die Erfahrung machen, dass ab jetzt, d. h. sobald Sport betrieben wird, viele Herausforderungen im Leben nicht nur gelassener angenommen werden, sondern auch müheloser bewältigt werden.

Bevor jedoch ein Sportprogramm begonnen wird, bedarf das einer gewissen *Vorbereitung*. Bei schweren Erkrankungen, insbesondere internistischen Begleiterkrankungen, sollte der Arzt befragt werden, damit er das Ausmaß des sportlichen Programms begutachten und beurteilen kann.

Ist der Umfang der sportlichen Betätigung abgeklärt, kann begonnen werden.

Bei körperlicher Aktivität ist es wichtig, auf die Atmung zu achten und *bewusst* ein- und auszuatmen. Eingeschränkte Beweglichkeit geht oft mit einem flachen und angehaltenen Atem einher. Indem man beginnt, bewusst tiefer zu atmen, wächst durch eine erhöhte Sauerstoffaufnahme in allen Körperzellen – in den Muskeln wie im Gehirn – die Bereitschaft zu mehr Bewegung. Jede Bewegung wird leichter und fließender, wenn sie mit dem Ein- und Ausatmen koordiniert wird.

Dazu ein Beispiel: Soll etwas Schweres von einer Stelle zur anderen getragen werden und wird dabei der Atem angehalten, so muss die Last früher abgesetzt werden, als wenn während des Tragens, also der Belastung und Bewegung, entspannt ein- und ausgeatmet wird.

Ein fließender Atem ist die Grundlage für mehr Gelassenheit und Selbstvertrauen, auch wenn der Körper unbeweglich ist.

Der Beginn eines sportlichen Übungsprogramms sollte *langsam* stattfinden. Der alte depressive Mensch hat vielleicht schon lange keinen Sport mehr betrieben und sich körperlich belastet, deshalb muss die Gewöhnung langsam erfolgen. Besser ein wenig zu wenig als viel zu viel. Steigerungen lassen sich immer noch einbauen.

**MERKE    Niemals über die Schmerzgrenze hinausgehen.**

Ziel ist es, sich während der Aktivitäten wohl zu fühlen, nicht erst irgendwann hinterher, etwa als Belohnung für Anstrengung, Schweiß und Schmerz. Es geht ja nicht um Leistungssport, sondern darum, fit zu sein und sich wohl zu fühlen. Es ist erwiesen, dass übertriebene Trainingsbelastung zum Ausgleich von altersbedingten Leistungsverminderungen vermieden werden sollte. Eine Überforderung schadet mehr, als sie hilft, und belastet insbesondere das Herz.

Man sollte Übungen spielerisch angehen, im Einklang mit sich selbst und dem Atem. Es bringt nichts, Übungen zähneknirschend durchzuziehen. Es ist wichtig, während der Übungen auf den Körper zu hören und ein Gespür für die Reaktionen des Körpers und das Spiel der Muskeln zwischen Anspannung und Entspannung zu entwickeln.

Fast immer stellt sich die Frage, wann und wo geübt werden soll. Viele Menschen haben beste Vorsätze, allein die Umsetzung ist ein Problem. Der Vorsatz, regelmäßig etwas für Beweglichkeit und Fitness zu tun, nützt nichts, wenn er nicht umgesetzt wird. Deshalb ist es wichtig, die Übungen in den Tagesplan einzubauen. Günstige Zeiten sind der Morgen oder der Abend. Am besten ist es, vor einem Essen zu üben oder nach einer kleinen Mahlzeit. Mit vollem Magen zu üben ist nicht zu empfehlen und sollte vermieden werden.

**MERKE    Regelmäßige Bewegung über einen längeren Zeitraum bringt mehr, als einmalig zwei Wochen hart zu üben und danach**

**alles schleifen zu lassen. Besser mäßig, aber regelmäßig üben als zu viel in zu kurzer Zeit.**

Ich möchte im Folgenden ein kleines Übungsprogramm aufstellen und dazu anregen, sich dies zunutze zu machen. Vorab aber noch ein paar organisatorische Bemerkungen.

Für die folgenden Übungen genügt ein Übungsplatz von 2×2 m pro Person in einem möglichst gut belüfteten, hellen Raum. Ein alter Wahlspruch lautet: Mit Musik geht alles besser. Wenn die Möglichkeit besteht, kann man Musik erklingen lassen, zu der die Übungen gemacht werden.

Weitere nötige Gegenstände sind:

- eine Gymnastikmatte oder eine Decke, in jedem Fall aber ein rutschfester Untergrund,
- ein Stuhl, der nicht wackelt und keine Rollen hat,
- ein kleines Kissen oder eine Rolle oder ein zusammengelegtes Handtuch, um es unter den Kopf zu legen,
- lockere, bequeme Kleidung.

Die Übungen erfolgen barfuß oder in flachen Schuhen, am besten in Sportschuhen, damit der Übende einen festen Halt hat.

Wenn der Übende erkältet ist oder sich unwohl fühlt, sollte der Körper nicht belastet werden. Dann empfiehlt es sich, den Arzt zu befragen oder aufzusuchen.

Schön wäre es, wenn die Übungen mit einem Partner durchgeführt werden können. Aber auch allein machen sie Spaß und steigern das Körpergefühl. Gerade zu Anfang ist es wichtig, Spaß dabei zu haben.

Im Folgenden wird ein komplettes Übungsprogramm vorgestellt. Es ist möglich, einzelne Übungen herauszunehmen, zum Beispiel um bestimmte Körperteile besonders zu trainieren, oder es können alle Übungen nacheinander trainiert werden. Dies hängt von der Kondition ab. Es soll zwei bis fünf Mal pro Woche geübt werden.

Die Maximen nochmals kurz zusammengestellt:

- Bewegungsaktivitäten sollen Spaß machen.
- Planen Sie regelmäßig feste Zeiten ein.
- Vermeiden Sie großen Aufwand bei der Durchführung.
- Verabreden Sie sich wenn möglich mit anderen.
- Gehen Sie systematisch vor, nicht zu viel auf einmal.
- Genießen Sie nach der körperlichen Aktivität bewusst das angenehme Wohlgefühl.
- Ziel sind Fitness, gute Laune und Zufriedenheit.

**Die Übungen**

Vor, nach und zwischen den Übungen begibt sich der Übende immer in eine Ausgangs- oder Grundstellung.

Die Grundstellung im Stehen: Die beiden Füße stehen in hüftbreitem Abstand parallel nebeneinander, entspannte, aufrechte Haltung, Spannungen lösen, Unterkiefer leicht absinken lassen, sodass sich der Mund ein wenig öffnet, Schultern locker hängen lassen, indem dem Gewicht der Arme nachgegeben wird. Den Bauch entspannen, das Becken leicht nach vorne kippen, Knie leicht beugen. Das Körpergewicht gleichmäßig auf beide Beine verteilen. In diesem Zustand entspannen und innerlich »alles fallen lassen«.

Während der Belastungs-, Anspannungs-, Dehnungs- und Streckphase ausatmen, während der Entspannnungsphase einatmen. Dies ist für alle Übungen zu beachten. Anspannungen und Belastungen fallen leichter in der Ausatemphase!

Übungsdauer: Jede Übung anfangs 10-mal später 20-mal oder 3 – 5 Minuten pro Übung.

**1. Übungssequenz**

**Übung: Unterwegs** Der Übende stellt sich einen Spaziergang in schöner Landschaft vor. Währenddessen geht er auf der Stelle. Die Arme schwingen dabei auf natürliche Weise vor und zurück. Das Tempo wird gewechselt, die Bewegungen bleiben locker.

Die Knie können ruhig etwas angehoben werden. Diese Übung dient dem Aufwärmen. Sie kann 3-5 Minuten dauern.

**Übung: Achilles, Waden** In leichter Schrittstellung ca. einen Meter vor einer Wand stehen. Sich mit den Händen an der Wand abstützen. Fersen bleiben am Boden. Das hintere Bein ist gestreckt, das vordere leicht gebeugt. Das Becken wird leicht nach vorne geschoben; durch die Verlagerung des Beckens entsteht eine Spannung in der Wadenmuskulatur. Den Kopf aufrecht halten, abwechselnd rechtes, dann linkes Bein vorstellen.

Zusätzliche Übung: Das hintere Bein beugen, dann wandert die Dehnung von der Wade bis in die Achillessehne.

**Übung: Oberschenkel** Sich seitlich so an die Wand stellen, dass eine Abstützung mit einer Hand möglich ist, Knie leicht beugen, sie bleiben während der Übung nebeneinander. Ein Bein so anwinkeln, dass der Knöchel mit der Hand erfassbar wird, den Fuß mit der Ferse in Richtung Gesäß ziehen. Sobald ein sicherer Stand erreicht ist, Becken so weit vorschieben, dass im Oberschenkel ein Spannungsgefühl entsteht.

Die Übung abwechselnd mit dem rechten und mit dem linken Bein wiederholen.

**Übung: Dehnung und Streckung für die Wirbelsäule** Die Hände mit verschränkten Fingern falten, Arme gerade vor die Brust ausstrecken. Mit einem tiefen Atemzug gestreckte Arme so über den Kopf führen, dass die Handflächen gegen den Himmel zeigen. Den Körper in Richtung Himmel strecken. Langsam aus- und einatmen. Fersen leicht vom Boden abheben.

**Übung: Rumpfdehnung** In der Grundstellung die Arme senkrecht nach oben strecken, sodass sie in den Himmel zeigen. Den Oberkörper zur Seite beugen. Der Arm, der dem Boden am nächsten ist, pendelt locker hinter dem Körper. Der andere Arm bleibt gestreckt über dem Kopf und liegt während der Dehnung dem Ohr an.

Übung abwechselnd nach rechts und nach links ausführen.

**Übung: Drehung des Rumpfes** Grundstellung einnehmen. Die in den Fingern verschränkten Hände in den Nacken legen. Die Ellbogen ragen weit auseinander. Den Oberkörper langsam zur Seite drehen. Position für einen Moment halten, dann langsam zur anderen Seite drehen.

Achtung: Das Becken soll sich nicht mitdrehen!

**Übung: Schulter** Sich in den Türrahmen stellen und mit den Händen versuchen, den Türrahmen auseinander zu drücken. Die Hände befinden sich dabei in Schulterhöhe.

Mit gestreckten Armen vor die Wand stellen. Ellbogen beugen. Nasenspitze berührt die Wand.

**Grundstellung im Sitzen** Auf dem vorderen Drittel der Sitzfläche des Stuhles sitzen, ohne sich anzulehnen. Füße stehen parallel in hüftbreitem Abstand nebeneinander auf dem Boden. Die Knie sind geöffnet. Die Hände auf die Oberschenkel legen.

In dieser Position mit den Füßen gegen den Boden drücken, sodass eine Spannung in den Beinen entsteht. Diese Spannung halten, das Becken aufrichten, den Rücken strecken, Brust bewusst anheben, jetzt fallen die Schultern wie von selbst locker zurück, der Hals ist entspannt, der Kopf thront frei auf den Schultern.

Jetzt den Bauch einziehen. Die Spannung in den Beinen und im Bauch lösen. Frei ein- und ausatmen.

**Übung: Nacken** Die in den Fingern verschränkten Hände in den Nacken legen. Die Ellbogen ragen weit auseinander. Den Kopf gegen den Widerstand der Hände drücken.

Spannung für einen Moment halten und wieder lösen. Die Nackenmuskulatur soll sich dabei anspannen und wieder lösen. Die Nackenmuskeln dehnen, indem der Kopf mit den Händen langsam nach vorne gezogen wird. Die Ellbogen klappen dabei nach vorne zusammen.

Den Kopf mit den Händen langsam so weit nach vorne ziehen, dass sich das Kinn in Richtung Brust bewegt. Die flachen Hände übereinander auf die Stirn legen. Den Kopf gegen den Widerstand der Hände drücken. Während des Ausatmens die Spannung für einen Moment halten.

Erneut entspannen und wieder einatmen.

Mit der rechten Hand über den Kopf hinweg an das linke Ohr greifen. Mit dem Gewicht der Hand und des Armes den Kopf so zur rechten Schulter hinziehen, dass das Ohr die Schulter berührt. Spannung einen Moment halten, ohne die Schulter hochzuziehen.

Loslassen. Seite wechseln.

**Übung: Finger** In der Grundposition sitzen. Die gespreizten Fingerspitzen beider Hände gegeneinander legen. Behutsam den Druck der Fingerspitzen gegeneinander erhöhen, ohne dass sich die Fingerglieder oder Handflächen berühren. Druck auf den Fingerspitzen einen Moment halten und wieder lösen.

Die Hände greifen vor der Brust so ineinander, dass sich die Finger ineinander haken. Während an den verhakten Händen gezogen wird, zeigt ein Handrücken nach oben und der andere nach unten. Spannung einen Moment halten und dann loslassen.

**Übung: Gesäß** In der Grundposition sitzen. Gesäß anspannen, indem sich die Pobacken zusammenziehen. Spannung halten. Spannung wieder lösen.

**Übung: Bauch** In der Grundposition sitzen. Den Bauch erst leicht, dann immer stärker einziehen, so als ob die Bauchmuskeln die Wirbelsäule berühren sollten. Spannung einen Moment halten. Spannung lösen.

**Übung: Zehen** Zehen so anspannen, als ob sie sich am Boden festkrallen wollten, dabei krümmen sich die Zehen ein wenig gegen den Fußballen. Einen Moment halten. Spannung lösen.

**Entspannung** Aufstehen. Grundstellung einnehmen. Kopf langsam nach vorne beugen und bewusst tiefer hängen lassen. Am tiefsten Punkt verweilen. Langsam Wirbel für Wirbel wieder aufrichten. Knie leicht gebeugt lassen. Kopf ganz zuletzt aufrichten.

Jetzt kann eine zweite Übungssequenz angeschlossen werden oder das folgende Übungsprogramm kann auch zur Abwechslung verwendet werden.

## 2. Übungssequenz

**Übung: Rücken** In der Grundposition sitzen. Einen Arm nach oben strecken und den Unterarm so anwinkeln, dass die Hand über der Schulter liegt. Ellbogen und Knie aufeinander zu bewegen. Nach jeder Bewegung den Oberkörper wieder aufrichten. Fuß zurück auf den Boden stellen.

Die Übung abwechselnd rechts und links ausführen.

Dieselbe Übung kann auch über Kreuz ausgeführt werden, d. h., erst bewegt sich der linke Ellbogen auf das rechte Knie zu, dann der rechte Ellbogen auf das linke Knie.

Nach jeder Bewegung wird der Oberkörper aufgerichtet und der Fuß auf den Boden zurückgestellt.

**Übung: Knie** In der Grundposition sitzen. Knie fest zusammendrücken, ohne die Fußstellung zu verändern. Während die Spannung gehalten wird, langsam ausatmen.

Spannung lösen und dabei langsam einatmen.

**Übung: Oberschenkel** In der Grundposition sitzen. Mit der linken Hand das rechte Knie umfassen. Der Handballen liegt seitlich auf dem Knie und drückt es nach innen. Gleichzeitig mit dem Knie kräftig gegen die Hand drücken.

Die Spannung halten, dann Spannung lösen.

**Übung: Beine** In der Grundposition sitzen. Beine ausstrecken und ein wenig abheben. Fußspitzen kräftig nach vorne strecken, dann wieder in Richtung Körper ziehen. Die Beine bleiben während der ganzen Übung leicht gestreckt.

**Übung: Fuß** In der Grundposition sitzen. Beide Fersen gleichzeitig anheben, bis die Füße auf den Ballen stehen. Füße langsam wieder absetzen.

Nach einer kurzen Pause Zehen und Fußballen so anheben, dass die Füße auf den Fersen stehen. In dieser Position einen Moment verweilen, dann absetzen.

Kommen wir nun zur Bodengymnastik:

**Übung: Rückenlage** Mit dem ganzen Körper auf der Unterlage auf dem Rücken liegen. Beine ausgestreckt halten. Arme und Hände gestreckt neben dem Körper ablegen.

Entspannen.

**Übung: Rücken** In der Rückenlage Beine aufstellen. Füße stehen parallel, etwa schulterbreit auseinander, die Beine sind angewinkelt. Die Lendenwirbelsäule fest auf den Boden drücken.

Spannung halten. Spannung lösen.

**Übung: Bauchmuskeln** Rückenlage einnehmen. Beine anwinkeln. Füße in hüftbreitem Abstand auf den Boden stellen. Arme zu den Knien hin strecken. Hände langsam nach vorne heben in Richtung auf die Knie. Schultern und Kopf leicht vom Boden heben. Spannung einen Moment halten. Schultern und Kopf langsam auf den Boden zurücklegen.

Beide Arme langsam zu einem Knie ausstrecken, sodass das Knie mit den Händen berührt wird.

Spannung halten. Spannung lösen.

Gleiche Übung zum anderen Knie hin wiederholen.

Die genannten Übungen stellen nur eine Auswahl möglicher Übungen dar. Es gibt noch viele weitere Übungen. Es können jederzeit Übungen hinzugenommen werden oder spezielle Übungen für das entsprechende Körperteil ergänzt werden.

Sie sind zwar für depressive alte Menschen zusammengestellt, aber in jedem Alter durchführbar. So kann auch der Pflegende mit üben oder allein üben. Wichtig sind Spaß und Freude an der Bewegung und der Beweglichkeit.

Vielleicht regen die Übungen den Impuls an, regelmäßig im Verein oder Ftnesszentren Sport zu treiben.

Meist stellt sich nach einiger Übung das Gefühl ein, es sei ein bisschen zu wenig Bewegung. Dann bieten sich Schwimmen oder Joggen zur Erweiterung an.

Wichtig für die körperliche Vitalität und Regeneration ist die Ernährung. Wenn trainiert wird, verbraucht der Körper mehr Energie, es werden Mineralstoffe und Spurenelemente ausgeschieden. Damit der Körper sich regenerieren kann, müssen die Mineralstoffe und Spurenelement wieder zugeführt werden.

Nur wenn Training und Regeneration in optimalem Verhältnis stehen, stabilisiert sich die Gesundheit und verbessert sich die Leistungsfähigkeit. Aus diesem Grunde ist eine gezielte Zufuhr von Mineralien, Spurenelementen, Vitaminen, Kohlenhydraten und Flüssigkeit notwendig. Deshalb achten Sie auf eine ausgewogene Ernährung (siehe auch Kapitel zur Ernährung).

Nach dem Sport ist es wichtig, etwas zu trinken, etwa Mineralwasser oder Buttermilch oder Fruchtsaft. Zusätzlich etwas Obst zu essen ist auch immer günstig.

**MERKE**   **Fitness und Wellness sind alterslos.**

# Entlastung für Angehörige

*Eine Gruppe Theologen diskutiert intensiv darüber, wann eigentlich*
*das Leben wirklich beginne. Aber die gelehrten Herren können sich*
*nicht einigen. Die einen meinen, es beginne bei der Befruchtung,*
*andere halten die Geburt oder gar erst den Tod für den Beginn*
*des wirklichen Lebens. Nach langer Diskussion hat einer eine Idee:*
*»Lasst uns doch das alte Mütterchen dort fragen.« Gesagt, getan.*
*Sie stellen der alten Frau die Frage. Die braucht keine große Überlegungen:*
*»Wann das Leben wirklich beginnt? Das ist doch klar:*
*Wenn die Kinder aus dem Haus sind und der Mann gestorben ist!«*

Wer einen depressiven alten Menschen versorgt, ist seelisch und körperlich beansprucht. Körperlich, weil vieles im Alltag anstrengend
ist. Seelisch, weil die depressive Stimmung sich übertragen kann. Es
kann sein, dass sich Angehörige müde, zermürbt und ausgelaugt
fühlen. Durch die vielen Hilfestellungen bekommen sie vielleicht
nicht genug Schlaf, besonders dann, wenn der Kranke nachts »he-
rumwandert«. Das kann völlig auslaugen. Da die Pflege anstrengend
und zeitaufwendig ist, geraten Angehörige vielleicht auch in Isolation von Bekannten, können Kontakte nicht mehr in dem notwendigen Maße pflegen. Es beginnt ein gefährlicher Kreislauf.

Zeit für sich selbst zu haben kann wie ein Luxus aus der Vergangenheit erscheinen. Vielleicht merken Angehörige, dass sie dem
Kranken gegenüber widersprüchliche Gefühle hegen, dass auch
Gefühle der Wut aufkommen. Es gibt niemanden, mit dem darüber
gesprochen werden kann. Eine solche Dauerbelastung kann die Ab-
wehrkräfte gegenüber Krankheiten schwächen. Es kann zu Stress-
und Überlastungsreaktionen kommen und Angehörige können
selbst in eine Depression verfallen, ein so genanntes Burnout-Syn-
drom erleiden oder gereizt und aggressiv reagieren.

Angehörige müssen also für sich sorgen. Das bedeutet nicht, dass sie egoistisch werden müssen, es bedeutet nur, dass sie einen Ausgleich für ihren Einsatz benötigen, um selbst gesund zu bleiben. Es ist auch notwendig, an sich selbst zu denken, und damit sicherzustellen, dass durch die Zuwendung, die dargebracht wird, die eigene Gesundheit nicht Schaden nimmt. Das eigene Wohlbefinden darf nicht zu sehr leiden.

In dem Zusammenhang sollten Angehörige einige Hinweise beherzigen:

Es ist wichtig, dass Sie eigene Grenzen erkennen und berücksichtigen.

Achten Sie auf Warnsignale und Frühwarnzeichen.

Setzen Sie sich realistische Ziele und bewältigbare Aufgaben.

Planen Sie Ihre Erledigungen und Unternehmungen sorgfältig.

Achten Sie auf sich selbst.

Nehmen Sie Kontakt mit anderen auf und tauschen Sie Ihre Erfahrungen aus.

Nehmen Sie sich Zeit für sich selbst und für Ihre eigenen Wünsche.

Suchen Sie Kontakt zu anderen Menschen, um Ihre Isolation zu durchbrechen.

Holen Sie sich Rat und Informationen.

Nehmen Sie sich Kritik nicht zu sehr zu Herzen.

Suchen Sie eine Möglichkeit, wie Sie den Stress abbauen können.

## Selbstsorge

Wenn versucht wird, den Depressiven die bestmögliche »Versorgung« bzw. Zugewandtheit zu bieten, muss herausgefunden werden, was selbst getan werden kann und was nicht. Es ist unbedingt notwendig, Prioritäten und Schwerpunkte zu setzen und sich auch daran zu halten.

Es ist notwendig, unrealistische Ziele zu vermeiden, die nicht erreichbar sind oder auf Dauer nicht eingehalten werden können. Die

Dinge aus einem gebührenden Abstand zu betrachten, heißt die Devise. Das hilft, die Belastung zu vermindern, unter der sich der Pflegende befindet.

Um alten Menschen, insbesondere dann, wenn sie noch mit einer Depression belastet sind, gerecht zu werden, müssen Angehörige die Fähigkeit besitzen, sich in den Betroffenen hineinzuversetzen, seine Nöte und Ängste zu verstehen.

Das erfordert auch, dass der Pflegende auf seine eigene Befindlichkeit achtet, sie ernst nimmt. Auch müssen eigene Grenzen erkannt werden und ein Wissen um die eigenen Schmerzgrenzen und Toleranzschwellen muss bestehen. Etwas Distanz tut immer gut!

Dazu gehört auch, dass die eigenen psychosozialen Bedürfnisse berücksichtigt werden. Oft gilt es, dies anderen klar zu machen. Es ist notwendig, Pausen zu haben und einzuhalten und auf freie Zeit und Ferien zu achten. Es gilt nämlich mit einem geringen Verschleiß an Kraft die Versorgung so gut wie möglich zu erledigen.

Stimmungen können sich übertragen. Denken Sie daran: Sie geraten in eine lustige Gesellschaft, der Funke springt zumeist sehr schnell über und Sie kommen auch in leichte Stimmung und fühlen sich wohl. Sie gehen später gelöst und erfrischt nach Hause.

Jeder, der einen älteren kranken Menschen pflegt oder versorgt, sollte bei sich selbst und anderen, die ihm zur Seite stehen, darauf achten, dass die Belastungssituation tolerabel ist. Bedenken Sie, dass auch Überreaktionen von depressiven Menschen mit Ihnen zu tun haben können. Häufig spüren gerade psychisch beeinträchtigte Menschen Stimmungen sehr feinfühlig, nehmen sie auf und reagieren entsprechend.

**MERKE** Überreaktionen, die Sie bei sich selbst beobachten, sind oft Anzeichen für Überforderung und Burnout.

Nur aus der Position der eigenen Zufriedenheit heraus ist es möglich, auf andere adäquat einzugehen und anderen Gutes zu tun. Daher ist es ratsam, Überlastungssituationen zu verhindern.

## Warnsignale ernst nehmen

Fällt auf, dass alte Menschen immer wieder angeschrieen und zurückweisend behandelt werden, ist das kein Grund für den Pflegenden, über sich selbst erschrocken zu sein oder die Dinge zu übertreiben. Jeder ist nur ein Mensch und jeder Mensch hat Grenzen. Häufen sich solche Vorkommnisse, kann das ein Zeichen für Überlastung sein und dafür, dass derjenige mit der Pflege oder Versorgung momentan schwer zurechtkommt.

Jetzt sollte Hilfe gesucht werden, bevor es schlimmer wird. Vielleicht befindet sich der Pflegende in einem Stadium der Überlastung und es kann zu Überreaktion oder gar körperlicher Gewalt kommen. Falls das so ist, werden Zweifel und Scham die Folge sein. Grübeln ist dann allerdings nicht hilfreich. Handeln ist angesagt. Der so Betroffene muss sich Hilfe suchen oder sich eine Abwechslung schaffen, indem er etwas für sich tut.

Ist das Verhalten unangemessen gewesen, ist das als Warnzeichen dafür anzusehen, dass er sich unter einem enormen Druck befindet und Hilfe und Unterstützung braucht, um den Druck abzubauen und nicht erneut in eine solche Situation zu geraten.

Ein anderer Hinweis für Überlastung kann auch sein, dass Dinge schwer fallen, die bisher locker von der Hand gingen. Es kann auch sein, dass Tätigkeiten, Abwechslungen oder Vergnügungen keinen Spaß mehr machen. So kann jemand, der gerne in das Theater geht, so verausgabt sein, dass er auf solche Entspannung ganz verzichtet.

Es ist notwendig, sich durch die Menschen in der Umgebung, die beraten und unterstützen möchten, nicht verunsichern zu lassen. Pflegende sollten ihre Probleme und Wünsche klar und deutlich äußern und nachfragen, wenn sie den Rat nicht verstehen. Wird etwas erklärt, aber nicht verstanden, ist es notwendig, es sich genauer erklären zu lassen und das zu wiederholen, was und wie es verstanden wurde. Wenn nötig, haben sich Zettel oder noch besser Notizhefte bewährt, in die Ratschläge notiert werden.

Es besteht kein Grund zur Verunsicherung, wenn wohlmeinende Dritte sagen: »Das kann doch nicht zu viel sein, so etwas macht sich doch nebenbei.« Es muss bedacht werden: Der Betroffene muss für sich selbst das tolerable Maß an Arbeit und Belastung finden.

Auch wenn jemand im Moment gut zurechtkommt und keine konkrete Hilfe oder Dienstleistung benötigt, ist es gut, über die Möglichkeiten informiert zu sein, welche Hilfen verfügbar sind, falls einmal Bedarf entsteht.

## Realistische Ziele stecken

Auch Belastungen im persönlichen Bereich bleiben nicht ohne Einfluss auf die Haltung gegenüber dem depressiven Menschen, der zu versorgen ist. Häufig wirken sie sich auf die Situation und die Beziehung aus. Deshalb bedarf es des Austausches mit anderen. Das bedeutet, mit anderen über die Schwierigkeiten reden zu können oder Entlastungsmöglichkeiten für sich selbst zur Verfügung zu haben. In schwierigen Situationen ist es wichtig, das Gespräch zu suchen, sich seiner Gefühle bewusst zu werden, sie anzunehmen.

Es ist wichtig, sich nicht zu überfordern und die eigenen Kräfte und Grenzen anzuerkennen. Nehmen Sie sich nicht zu viel vor und nehmen Sie nicht alle »Aufträge« an. Sagen Sie auch mal »Nein«.

Die Belastungsgrenzen sind bei den verschiedenen Menschen unterschiedlich. Es muss immer wieder darauf hingewiesen werden, dass es wichtig ist, auf sich selbst zu achten, auf den eigenen Körper zu hören und Aufgaben immer nur abhängig von persönlichen Kapazitäten und Kräften zu übernehmen. Es ist stets zu bedenken, dass es sich um eine vorübergehende Belastung handeln kann, dass die Depression aber auch lange andauern kann. Meistens nehmen die Kräfte alter Menschen ab und nicht zu, das bedeutet, dass vielleicht nach überstandener Depression noch weitere Belastungen auf Sie zukommen können.

**Auf sich selbst achten**

Es ist absolut nötig, für sich selbst einige freie Zeit zu reservieren, zumindest einen Tag und eine Nacht pro Woche. Es empfiehlt sich, Familienmitglieder, eine Familie oder Bekannte zu finden und zu bitten, dass diese sich in Abwesenheit der Pflegenden um den depressiven Menschen kümmern. Weil die anderen die Belastung, die auf Pflegenden lastet, schwer einschätzen können und auch nicht wissen, wie sie helfen können, liegt es am Einzelnen, darum zu bitten.

Ist der Betroffene stark depressiv, können auch institutionelle Hilfen gesucht werden. Es gibt Tagesstätten, Kurzzeitpflege, Sozialstationen, Heime, ebenso Laienpfleger, Mitglieder von wohltätigen oder religiösen Organisationen, Ehrenamtliche (so genannte Bürgerhelfer), die Hilfe anbieten.

Es ist unabdingbar, Kräfte realistisch einzuschätzen, sich nicht zu übernehmen und zu schädigen und einer Dauerbelastung auszusetzen, die nicht zu bewältigen ist. 24 Stunden, Tag und Nacht, sieben Tage pro Woche, das ist auf Dauer nicht zu leisten.

Es ist wichtig, mit Überlastungssituationen offen umzugehen, sie mit anderen zu besprechen und einen Ausweg zu suchen bzw. Abhilfe zu schaffen. Oft kann durch entsprechende Umorganisation eine unnötige Überbelastung vermieden werden.

**Planung**

Es ist unbedingt notwendig, sich den Tag zu strukturieren und einen Wochenplan anzulegen. Die Woche sollte so geplant werden, dass für den Pflegenden ein freier Tag vorgesehen ist, den er selbst gestalten kann und an dem er frei von der Versorgung und Betreuung des Kranken ist. Günstig ist es, wenn Sie mehrere Vertreter für sich zur Verfügung haben, falls einer ausfällt.

Der Pflegende sollte sich für den freien Tag etwas vornehmen, was Spaß macht. Das Programm sollte nicht sein, die Wäsche zu bügeln, die schon die ganze Woche liegt. Auch an den anderen Tagen sollte eigene Zeit eingeplant werden, die zu einem Mittagsschlaf oder einem kleinen Spaziergang genutzt werden kann. Der Tag sollte durch die Mahlzeiten und Ruhepausen strukturiert sein. Alle Arbeiten, die anfallen, werden strukturiert und über die Woche verteilt. Es ist wichtig, nicht den gesamten Tag zu verplanen, da immer unvorhergesehene Dinge passieren, für die Zeit benötigt wird.

Es können Wochenübersichten geschrieben und die Termine und Tätigkeiten mit geplanter Dauer in einen Stundenplan eingetragen werden. Auch Hausarbeit will geplant sein, insbesondere dann, wenn ein Kranker zu versorgen ist. Es gibt keinen Grund, traurig zu sein, wenn vielleicht nicht alles zu schaffen war, was geplant war. Es kommen immer unvorhergesehene Ereignisse und nicht immer gehen Arbeiten gleich leicht von der Hand. Die Planung verschafft einen Überblick, wodurch sich einem Stressgefühl vorbeugen lässt.

Es sollte jede Chance genutzt werden, sich durch die Hilfe anderer Menschen Entlastung zu verschaffen. Die Hilfe anderer in Anspruch zu nehmen ist wichtig. Nur wenn der Pflegende selbst körperlich und seelisch gesund bleibt, kann er anderen helfen.

## Umgang mit Kritik

Es kann vorkommen, dass die Familie oder Bekannte Kritik an der Art und Weise üben, wie Pflegende den Depressiven versorgen. Vielleicht fällt auf, dass die Wohnung nicht »tipptopp« aufgeräumt ist. Der Grund kann darin zu suchen sein, dass momentan der Überblick fehlt, um alles im Auge zu haben. Die Kritik kann aber auch Ausdruck der Schuldgefühle der anderen sein, weil sie sich nicht selbst oder intensiver an der Versorgung des Depressiven beteiligen. Solche Kritik sollte der Pflegende sich deshalb nicht zu Herzen nehmen. Wenn der Pflegende und der Depressive mit der Versorgung so zurechtkommen, kann so fortgefahren werden. Sind Kritiker mehr in die Versorgung einbezogen, verstehen sie manchmal die Dinge besser.

Nicht immer sind Belastungen, die durch die Versorgung eines depressiven alten Menschen entstehen, so massiv, dass sofort körperliche oder seelische Schäden entstehen. So weit sollte es nicht kommen. Oft zermürben viele kleine subtile Dinge einen Menschen. Es bleibt nicht aus, dass bei der Pflege alter depressiver Menschen auf beiden Seiten Enttäuschungen entstehen.

Damit nicht auf Dauer durch massive körperliche oder auch seelische Belastungen, die im Zusammenhang mit einem pflegebedürftigen depressiven Menschen entstehen können, Schäden auftreten, sollten einige Grundsätze bedacht werden:

- Nehmen Sie Abwehr und persönliche Angriffe durch den Betroffenen nicht allzu persönlich.
- Bewerten Sie Verhalten nicht, sprechen Sie über die Gefühle, die ein Verhalten bei Ihnen auslöst.
- Lassen Sie sich nicht aus der Reserve locken.
- Bleiben Sie sachlich und ruhig.
- Wenn Ihnen etwas sehr nahe geht, verlassen Sie für einen Moment den Raum oder zählen Sie innerlich bis zehn, bevor Sie antworten oder etwas erwidern – auch wenn es schwer fällt.
- Versuchen Sie Abstand zu gewinnen und Hilfe in Anspruch zu nehmen.
- Bringen Sie Abwechslung in die Versorgung, versuchen Sie Arbeit zu delegieren und andere zu finden, die Sie vertreten oder die Sie entlasten.

**MERKE** Am meisten erreichen Sie durch eine wohlwollende Haltung sich selbst und anderen gegenüber, unabhängig davon, wie Ihnen begegnet wird, und zwar gleichgültig, ob Sie sich gegen andere abgrenzen oder berechtigte Wünsche oder Forderungen äußern.

Im Zusammenhang mit der Beziehungsgestaltung beherzigen Sie besser die Vorgabe »Durchkommen« als die Parole »Nahkampf«. Bedenken Sie, dass sich auch Ruhe überträgt, genauso wie Unruhe.

**Kontakte zu anderen**

Wenn ein Pflegender Zeit für sich selbst einplant und reserviert, kann er damit machen, was er will, und sollte eigene Sorgen vorübergehend ablegen.

Es kann sein, dass der Pflegende erst einmal das Bedürfnis hat, in Ruhe auszuschlafen und dann gar nichts zu tun, zu faulenzen. Die freie Zeit sollte auch dazugenutzt werden, die Isolation zu durchbrechen, in die jemand durch die Sorge um den Depressiven geraten könnte. Es hat sich bewährt aus dem Haus zu gehen, frische Luft zu schnappen, den Umgebungswechsel zu genießen, sich mit anderen Menschen zu treffen. Es ist günstig, sich mit alten Freunden oder Bekannten zu treffen. Wenn momentan niemand erreichbar ist, ist es möglich eine Veranstaltung zu besuchen, die Spaß macht.

**MERKE** **Denken und sprechen Sie in Ihrer Freizeit über etwas anderes als die Krankheit Ihres Angehörigen. Verschaffen Sie sich etwas Bewegung. Auch Sie könnten einem früheren Hobby oder Zeitvertreib nachgehen.**

Es gibt viele Möglichkeiten, sich zu beschäftigen: Kartenspielen, einem Verein beitreten, einen Kurs oder Vortrag besuchen oder einfach in ein Cafe gehen und mit anderen Menschen ins Gespräch kommen. Sport in Gemeinschaft bietet eine gute Gelegenheit, körperlich in Form und gesund zu bleiben und gleichzeitig in Kontakt zu anderen Menschen zu kommen. Auch Sportarten wie Joggen oder Radfahren, die »allein« betrieben werden, können Sie mit anderen zusammenbringen.

Es gibt keinen Grund sich gleichzeitig unnötig von dem Kranken abzusondern. Schön und erstrebenswert wäre, der Kranke könnte auch an Ausgängen teilnehmen. Oder es werden (gegenseitige) Besuche verabredet. Menschen, die sich als Paar kennen, sind vielleicht zunächst unsicher wegen der Veränderung, die die Erkrankung mit sich bringt. Aber alle Beteiligten gewöhnen sich daran, zumal es wieder zu einer Besserung kommen wird. Solche Besuche sind ein Grund zur Freude und bringen Abwechslung. Wenn es angebracht ist, kann der Besuch über den derzeitigen Zustand zuvor informiert werden, dann sollte es kein Problem sein. Wenn Besuch da ist, ist das für den Pflegenden und den Kranken eine Zerstreuung, es wird über andere Dinge gesprochen und auch der Kranke kommt auf andere Gedanken.

## Umgang mit Stress

Es gibt unterschiedlichste Methoden, sich zu entspannen. Eine Technik stellt das autogene Training dar. Dabei wird gelernt, sich in einen tiefen kontrollierten Schlaf zu versetzen, der 3-5 Minuten dauert und aus dem man erfrischt aufwacht. Andere Verfahren sind Yoga, positives Denken, Hypnoseverfahren und progressive Muskelrelaxation nach Jacobson, um nur einige zu nennen.

Es gibt Verfahren, bei denen jeder allein üben kann. Andere Techniken sind eher auf Kontakt mit anderen Menschen bzw. auf Gruppen bezogen. Vieles lässt sich über Bücher oder Hörkassetten besorgen und selbst lernen.

Beispiel einer Entspannungsübung

In einer ruhigen Minute setzen Sie sich wie ein Droschkenkutscher hin: Legen Sie die Hände in den Schoß, lassen Sie Kopf und Schultern heruntersinken, der Rücken rundet sich dabei. Atmen Sie ruhig in den Bauch. Lassen Sie eine kleine Weile die Seele baumeln.

Nutzen Sie das dynamische Sitzen als erholsame Abwechslung: Rollen Sie dabei Ihr Becken langsam mit kleinen kreisenden Bewegungen über die Sitzfläche, heben Sie im ruhigen Wechsel die linke und die rechte Seite Ihres Beckens an. Der Oberkörper bleibt dabei aufrecht.

Sport zu treiben ist, wie oben dargestellt, natürlich auch eine gute Möglichkeit, Stress und Spannungen abzubauen.

Manche Menschen wiederum entspannen sich, indem sie

schreiben, zum Beispiel ein Tagebuch führen. Andere Menschen finden im Malen Entspannung oder im Modellieren. Fast alle diese Fertigkeiten werden an der VHS oder an anderen Bildungseinrichtungen vermittelt.

Auch Musik wirkt entspannend. Jemand, der früher selbst ein Instrument gespielt oder im Chor gesungen hat, kann wieder damit anfangen. Durch solch eine Freizeitgestaltung kann jedenfalls Stress abgebaut werden. Gleichzeitig können Kontakte zu anderen gepflegt und Sorgen eine Zeit lang vergessen werden.

Noch ein letzter Tipp: Sorgen Sie dafür, dass es hin und wieder auch etwas zu lachen gibt. Schließlich ist das Lachen ein guter Weg, sich vom Stress zu entlasten. Vielleicht gibt es im Laufe der Sorge und Pflege des Depressiven schon die Erfahrung, dass sich angespannte Situationen durch Lachen und Humor entspannen und sich dadurch verwandeln können.

**MERKE**   **Je größer der Stress und je größer der Arbeitsaufwand, desto mehr Pausen sollten Sie einlegen.**

## Umgang mit Sexualität

Menschen, die sich in einer Depression befinden, ändern ihr Verhalten und ihre Beziehung zu anderen Menschen. Sie ziehen sich zurück, es treten Verständigungsschwierigkeiten auf.

Angehörige können das Gefühl haben, einen Begleiter oder Vertrauten verloren zu haben. Sie können sich isoliert und allein gelassen fühlen. Übrigens kann der Erkrankte ebenso empfinden.

Es ist außerdem möglich, dass Sie den depressiven Menschen durch die Depression von einer Seite kennen lernen, die Ihnen bisher fremd war. Sie stellen fest, dass er Gefühle und Empfindungen hat, die Sie bisher nicht an ihm vermutet hatten. Er legt Verhaltensweisen an den Tag, die ihm keiner zugetraut hätte.

Ist der Patient auch ihr sexueller Partner, werden sich abhängig vom Krankheitsstadium dessen Bedürfnisse, Interessen und Wünsche ändern. Das hängt nicht zuletzt mit den Medikamenten zusammen, die beruhigend wirken und das sexuelle Verlangen reduzieren.

Selbst wenn es gelingt, sich den veränderten Bedürfnissen anzupassen, fühlen manche sich dennoch unbehaglich. Es kann das Gefühl aufkommen, frustriert, zurückgewiesen zu werden oder sogar schuldig zu sein wegen der eigenen sexuellen Wünsche. Möglicherweise werden der körperliche Kontakt und die Berührungen vermisst. Für manche Menschen ist es schwierig, die Rolle des Pflegenden mit der des Sexualpartners in Einklang zu bringen.

Zunächst ist es jedoch wichtig, Ihr Verhalten an die veränderten Bedürfnisse des kranken Partners anzupassen. Sobald die Therapie wirkt oder sich die Lebensumstände sonst verändert haben, wird sich sein Verhalten wieder ändern. Gelingt Ihnen diese Anpassung, kann eine befriedigende Beziehung heranreifen und aufrechterhalten werden unter Berücksichtigung der veränderten Bedürfnisse des Partners. Wichtig ist es, sich damit auseinander zu setzen, dass die Situation sich jetzt geändert hat. Es ist notwendig, dass Sie eine Lösung für Ihre eigenen Bedürfnisse finden.

Wird sich der Pflegende seiner Bedürfnisse bewusst, kann nach Lösungsmöglichkeiten gesucht werden. Dabei sind Partner bzw. Partnerin mit einzubeziehen, soweit er bzw. sie zugänglich ist.

Es kann sein, dass sexuelle Bedürfnisse bestehen, die aber mit dem Partner nicht befriedigt werden können. Die sexuellen Bedürfnisse werden nicht über Nacht verschwinden. Es ist nicht selbstsüchtig, eine Lösung für sich selbst zu suchen. Notwendig ist es, mit dem Partner darüber zu sprechen, sofern das möglich ist, vielleicht finden sich gemeinsame Möglichkeiten. Es gibt auch andere Wege. Es könnte zum Beispiel eine sexuelle Beziehung zu einem anderen Partner gesucht oder der Weg über die Selbstbefriedigung gewählt werden.

Manche Menschen zögern aus moralischen oder religiösen

Überzeugungen, eine solche Lösung zu suchen, oder sie schämen sich und ziehen es vor, ihre Energie in anderer Weise zu kanalisieren.

Es kann helfen, über die Gefühle und Probleme mit einer Person des Vertrauens zu sprechen. Falls es unangenehm ist, mit einem Familienmitglied oder einem Freund oder Bekannten darüber zu reden, fällt es vielleicht leichter, sich an einen Arzt, einen Geistlichen, einen Sozialarbeiter oder einen Psychotherapeuten zu wenden, der sich mit dem Krankheitsbild auskennt und sich in die Situation einfühlen kann. Er kann helfen, die Gefühle zu entwirren. Die Aussprache mit anderen Menschen ändert die Situation nicht, aber sie kann helfen, mit jenen Gegebenheiten, die belasten, zurechtzukommen. Durch solch ein Gespräch wird es auch leichter fallen, die Dinge klarer zu sehen und Entscheidungen zu treffen.

Es kann auch versucht werden, eine Angehörigengruppe zu finden, eine Selbsthilfegruppe oder eine Gruppenpsychotherapie in Anspruch zu nehmen. Dabei kann die Erfahrung gemacht werden, dass man nicht allein ist und auch keine unnormalen Bedürfnisse hat. In einer solchen Gruppe besteht auch die Gelegenheit, mal zu lachen oder zu weinen.

Wie können Sie mit Veränderungen Ihrer persönlichen Beziehung umgehen? Einige Tipps:

- Versuchen Sie die Veränderungen in Ihrer Beziehung anzunehmen und sich anzupassen.
- Konzentrieren Sie sich auf die positiven Seiten der Veränderungen.
- Versuchen Sie, soweit das möglich ist, mit Ihrem Partner über die Problematik ins Gespräch zu kommen.
- Finden Sie heraus, welche Bedürfnisse Ihr Partner hat, ob er körperlichen Kontakt und Nähe wünscht.
- Ziehen Sie die Möglichkeit in Betracht, Ihr Sexualverhalten zu ändern.

- Versuchen Sie eine Möglichkeit zu finden, Ihre eigenen Bedürfnisse zu befriedigen.
- Sprechen Sie über Ihre Gefühle mit einer Person Ihres Vertrauens.
- Bedenken Sie, dass sich die Situation nach entsprechender Therapie Ihres Partners wieder ändern kann.

## Selbsthilfegruppen

In Selbsthilfegruppen treffen sich Menschen mit ähnlichen Problemen regelmäßig zu einem Erfahrungsaustausch, um eigene, besondere Lebenssituationen zu besprechen und dadurch besser zu bewältigen.

Die Selbsthilfegruppe dient der Information, dem Erfahrungsaustausch und der Kommunikation mit Menschen in ähnlichen Situationen. Dies führt zu einer psychischen Entlastung und Distanz. Außerdem wird dadurch eine Verbesserung und Bewältigung der Lebenssituation ermöglicht. Auf Grund der gemeinsamen Vertrauensbasis können die Beteiligten frei reden, da sie wissen, dass das Gesprochene vertraulich behandelt und nicht an Außenstehende weitergegeben wird.

Wer einen depressiven älteren Menschen pflegt, muss vielseitigen Anforderungen gerecht werden. Deshalb ist es wichtig, dass er für sich sorgt und auch die anfallenden Probleme, Gedanken und Erfahrungen mit Gleichgesinnten austauscht. In vielen Städten und Gemeinden gibt es Selbsthilfegruppen für die unterschiedlichsten Anliegen. Informieren Sie sich, wo es solche Treffen gibt, und besuchen Sie sie. Es gibt Verzeichnisse, in denen die Selbsthilfegruppen erfasst sind (siehe Adressverzeichnis).

Eine andere Möglichkeit besteht darin, über eine Zeitungsannonce Kontakt zu einer solchen Gruppe aufzunehmen. Auch das Gesundheitsamt kann vielerorts Kontakte vermitteln.

**Zeit nehmen für die eigene Reflexion**

Reflexion bedeutet, über eine Situation oder ein Geschehen nachzudenken, eigene Anteile zu überlegen und vielleicht auch, andere Personen in die Überlegung mit einzubeziehen. Immer wieder treten Situationen auf, nach denen man sich fragt: War ich zu ungeduldig, zu aggressiv, zu nervös oder zu intolerant? Habe ich die Belange anderer Menschen hinreichend respektiert oder allzu viel Zwang ausgeübt? Fühlte sich der Kranke verstanden, einbezogen in die Überlegungen und das Geschehen?

Auch hierzu lässt sich ein Tagebuch führen.

Nicht immer ist es leicht, allein über Geschehenes nachzudenken, quasi aus dem Kreis der Beteiligung herauszutreten und neutral über etwas zu reflektieren. Das kann sehr schwer fallen, besonders wegen der eigenen Betroffenheit. Es gelingt einem dann nicht, das Geschehen mit der nötigen Distanz zu betrachten. Scheuen Sie sich nicht, Hilfe in Anspruch zu nehmen, auch wenn die eigene Scham manchmal groß ist.

**Autogenes Training**

Wie bereits besprochen stellt auch für Pflegende die Methode des autogenen Trainings eine Bereicherung dar. Sie bietet die Möglichkeit, nach entsprechender Einübungsphase die Probleme für einen Moment hinter sich zu lassen und sie dann aus einer gewissen Distanz neu zu betrachten.

Es können tagsüber ohne größeren Aufwand kurze Phasen der Entspannung eingelegt werden, um Abstand zum Geschehen zu gewinnen.

Das autogene Training verfolgt verschiedene Zielrichtungen:
- Autogenes Training dient der Erholung.
- Autogenes Training dient der Ruhigstellung.
- Autogenes Training dient der Intensitäts- und Leistungssteigerung.

● Autogenes Training dient der Selbstbeherrschung und Selbstbe-
stimmung.

Der Übende wird zunächst von einem Therapeuten angeleitet, in
entspannter Haltung formelmäßig verdichtete Vorstellungen leben-
dig werden zu lassen. Meistens sind es Wärme- oder Schwereerleb-
nisse. Dadurch gerät er in einen hypnoseähnlichen Zustand. Dies
soll zu eine Umschaltung im vegetativen Nervensystem führen. Dadurch können sich Verspannungen und Anspannungen lösen, der
Kopf wird frei, negative oder schädliche Gedanken können losgelas-
sen werden.

Im autogenen Training können beispielsweise bestimmte erwünschte Einstellungen als Tatsachen gesetzt und dadurch wirksam
werden. So können nicht nur die einzelnen üblichen Übungssätze
wie »der Arm ist warm« konzentriert werden, sondern auch z.B.
»Ordnung ist Freiheit«, wenn es schwer fällt, Ordnung zu halten.
Oder »ich bleibe ruhig und gelassen«, wenn jemand zu Hektik neigt.

Diese formelhaften Vorsatzbildungen wirken dann automa-
tisch, besonders wenn sie ruhig und unbeirrbar eine Reihe von
Tagen abends vor dem Einschlafen errichtet werden.

Besuchen Sie einen solchen Kurs, er kann sehr hilfreich sein, um
den Alltag besser zu bewältigen, und gleichzeitig bietet er die Möglichkeit für neue Kontakte.

## Versorgung daheim – Hilfeangebote

*Der alt gewordene Pfarrer unterbricht mitten im Gottesdienst das Hochamt, schaut schweigend an die Decke und fährt nach einer Weile fort. Nach der Messe fragt ihn die Messnerin, was denn los gewesen sei. »Ach, ich hatte eine Erscheinung – aber verraten Sie es niemandem!« Die Messnerin kann es natürlich nicht für sich behalten und bald darauf ist die Erscheinung des Pfarrers Dorfthema. Der Mann der Messnerin bittet seine Frau, den Pfarrer nochmals anzusprechen und zu fragen, um was für eine Erscheinung es sich gehandelt habe. Daraufhin nimmt die Messnerin ihren Mut zusammen und fragt den Pfarrer. Der antwortet: »Ach, wissen Sie, Frau Messnerin, es war eine Alterserscheinung.«*

Zu den entlastenden Hilfeangeboten gehören Pflegehilfen, Kuren, Krankenhäuser, Sozialdienste wie auch die pflegegerechte Ausrüstung der Wohnung (Haltegriffe an der Badewanne, spezielle Sitze in der Dusche, Antirutschmatten u. Ä.). Auch Gehhilfen, Spezialbetten und Toilettenstühle gehören in diesen Bereich. Lassen Sie sich in einem Fachgeschäft für Pflegebedarf oder vom Sozialdienst beraten, denn wie wollen Sie dem Depressiven ein Schaumbad schmackhaft machen, wenn er nicht in die Badewanne kommt?

### Ambulante Hilfen

Sie können für die Pflege vorübergehend eine Hilfe in Anspruch nehmen. Dazu bieten sich verschiedene Möglichkeiten an. So existieren unterschiedliche ambulante Pflegedienste, die für die Grundpflege sorgen:

- Nachbarschaftshilfe
- Sozialstation, Pflegevereine

- Private Pflegedienste
- Ehrenamtliche Helfer
- Betreuungsgruppen
- Essen auf Rädern
- Haushaltshilfen

**Nachbarschaftshilfe:** In der Nachbarschaftshilfe sind Laienhelfer tätig. Sie leisten vor allem Besuchs- und Einkaufsdienste und sind bei kleineren Hausarbeiten behilflich. Sie bieten persönliche Ansprache und Zuwendung, um einer Vereinsamung entgegenzuwirken. Pflege können sie nur in Ausnahmefällen leisten.

Nachbarschaftshilfen werden meistens von Kirchengemeinden oder von Wohlfahrtsverbänden getragen.

**Sozialstation, Pflegevereine:** Hier sind qualifizierte Alten- und Krankenpflegekräfte der Sozialstationen oder Pflegevereine vorwiegend mit der Grundpflege, aber auch Behandlungspflege befasst. Sie übernehmen ebenfalls die hauswirtschaftliche Versorgung. Für die Betreuung oder die Begleitung außer Haus oder ausführliche Gespräche haben sie meist keine Zeit.

Träger sind die freien Wohlfahrtsverbände. Dazu zählen die Arbeiterwohlfahrt, Caritas, Diakonie und der Paritätische Wohlfahrtsverband. Auch die Gemeinden können Träger sein.

**Private Pflegedienste:** Im privaten Pflegebereich arbeiten qualifizierte Pflegekräfte. Sie leisten in der Regel jede Art von Pflege, die angefordert wird. Sie übernehmen Grund- und Behandlungspflege, hauswirtschaftliche Versorgung und psychosoziale Betreuung. Sie sind Tag und Nacht im Einsatz, auch an Wochenenden und Feiertagen, abhängig davon, wie sie angefordert werden. Sie rechnen mit den Kranken- und Pflegekassen ab. Dazu muss die Pflegebedürftigkeit des Patienten vom Arzt attestiert und vom Medizinischen Dienst der Krankenkassen vor Ort geprüft werden. Liegt Pflegebedürftigkeit vor, können die Kosten über die Kranken- und Pflegeversicherung abgerechnet werden.

**Ehrenamtliche Helfer:** Einige Vereine, Initiativgruppen und Helferdienste vermitteln ehrenamtliche Laienhelfer, die wie die Helfer der Nachbarschaftshilfe Kranke besuchen, um einer Vereinsamung und Isolierung vorzubeugen. Sie übernehmen auch kleinere Hausarbeiten.

**Betreuungsgruppen:** Manche Gemeinden verfügen über Betreuungsgruppen zu bestimmten Krankheitsbildern, dort treffen sich Angehörige und Patienten zu gemeinsamen Unternehmungen und zur Entlastung der Angehörigen. Meist betreuen Laienhelfer die Patienten.

**Essen auf Rädern:** Die verschiedenen Wohlfahrtsverbände bieten Essen auf Rädern an, das fertig zubereitet gebracht wird oder als Tiefkühlkost lieferbar ist. Meist wird auch Diabetikerkost oder Diätkost für andere Erkrankungen angeboten.

**Haushaltshilfe:** Sozialstationen, Pflegevereine oder private Pflegedienste bieten Haushaltshilfen an. Auch über das Arbeitsamt oder die Kirchengemeinde kann man eine Haushaltshilfe finden oder einfach über eine Annonce in der Zeitung.

Häufig übernehmen Zivildienstleistende das Reinigen der Wohnung, die Einkäufe oder das Kochen.

## Teilstationäre Einrichtungen

Bei den teilstationären Einrichtungen werden Tagesstätten, Tagespflege und Tageskliniken unterschieden. Abhängig von der Intensität der Betreuung und der Pflegebedürftigkeit fällt die Wahl auf eine dieser Einrichtungen.

**Tagesstätten:** Besucher von Tagesstätten sind nicht zum regelmäßigen Besuch verpflichtet und können die Einrichtung kostenlos nutzen. In der Regel stehen sie alten Menschen und psychisch Kranken offen. Angeboten werden gemeinsame Unternehmungen, kreatives Gestalten, Bewegungsangebote, Spiele, Unterhaltung und gemütliches Beisammensein. Manche Begegnungsstätten bieten den

Besuchern auch Mahlzeiten an wie Frühstück oder Mittagessen. Die Betreuung erfolgt oft durch ehrenamtlich tätige Mitarbeiter. Fahrdienste stehen in der Regel nicht zur Verfügung. Getragen werden die Begegnungsstätten von Wohlfahrtsverbänden, Kommunen, gemeinnützigen Vereinen.

**Tagespflege:** In Tagespflegeeinrichtungen werden feste Patientengruppen zusammengestellt und tagsüber betreut. Sie finden an den fünf Werktagen von Montag bis Freitag statt und werden von Altenpflegern bzw. Altenpflegerinnen betreut. Je nach Vereinbarung kann die Tagespflege auch nur an bestimmten Tagen in Anspruch genommen werden. Es werden Frühstück und Mittagessen sowie ein vielfältiges Angebot an tagesstrukturierenden Maßnahmen angeboten.

Beschäftigungen sind Gymnastik, kreatives Gestalten, Singen, Ausflüge, Spaziergänge u.v.m.

Es gibt Einrichtungen, die gelegentlich Hilfe bei der Grundpflege bieten wie Duschen oder Haarwäsche. Den Patienten werden die Medikamente bei Bedarf verabreicht.

Ein großer Teil der Tagespflegestellen verfügt über einen Fahrdienst, der die Besucher abholt und wieder nach Hause begleitet. Häufig sind sie Alten- und Pflegeheimen angeschlossen.

**Tagesklinik:** Tageskliniken sind im Allgemeinen den Psychiatrien oder gerontopsychiatrischen Zentren angeschlossen. Die Besucher kommen von Montag bis Freitag tagsüber in diese Klinik. Während der übrigen Zeit werden sie daheim versorgt. Ein Großteil der Tageskliniken verfügt über einen eigenen Fahrdienst. Die Aufenthaltsdauer richtet sich nach der notwendigen Zeit der Behandlung.

### Vorübergehend stationär

Depressive ältere Menschen können in der Regel daheim betreut werden und müssen nur ausnahmsweise oder vorübergehend stationär untergebracht werden (siehe das entsprechende Kapitel).

In Frage kommende stationäre Einrichtungen sind:

- Pflegeheime
- Gerontopsychiatrische Wohngruppen
- Gerontopsychiatrische Krankenhausabteilungen
- Kurzzeitpflege

Lediglich die Kurzzeitpflege bedarf an dieser Stelle der näheren Erläuterung.

Kranke können vorübergehend in einer Kurzzeitpflegeeinrichtung untergebracht werden, wenn pflegende Angehörige oder sie betreuende Personen durch Erkrankung oder Urlaub ausfallen.

Die Patienten werden hier Tag und Nacht von Fachpersonal gepflegt und betreut. Die meisten Einrichtungen sind »offen«, sodass der Patient bei Aufnahme zu Zeit, Ort und Person orientiert sein und keine Tendenz zum Weglaufen haben sollte. Manchmal bietet sich eine solche Einrichtung auch an, wenn eine vorübergehende Verschlechterung des Gesundheitszustandes eingetreten ist oder bevor ein Heimplatz gefunden wurde.

# Medizinische Therapiemöglichkeiten

*»Na, Herr Schneider«, sagt die Gemeindeschwester,*
*»unsere Medikamente haben wir ja brav eingenommen ...«*
*Der alte Herr überrascht: »Ach, Sie haben die genommen,*
*stimmt, Sie wirken auch viel ruhiger als sonst.«*

Ist die Diagnose Depression erst einmal gesichert, dann kann ein Therapieplan erstellt werden. Zur Behandlung der Depression stehen verschiedene und ganz unterschiedliche Möglichkeiten zur Verfügung.

An erster Stelle der Bedingungen einer hilfreichen Behandlung steht ein tragfähiges Arbeits- und Vertrauensbündnis zwischen Arzt (oder Psychotherapeut) und Patient. Akzeptanz des Patienten und Empathie seitens des Arztes sind hierbei unerlässlich. Wichtig ist, dass der Patient über seine Erkrankung aufgeklärt wird und dass die Angehörigen, soweit sie in erreichbarer Nähe sind, mit einbezogen werden. Gerade zu Beginn einer Behandlung ist es wünschenswert, dass der Arzt öfter zu Rate gezogen wird. Er kann dann etwa die Wirkungen und Nebenwirkungen von Medikamenten sowie die allgemeine Entwicklung auf Grund der Therapie einschätzen, die Behandlung lenken und diese dem Gesundheitszustand immer wieder anpassen.

Bedeutsam ist es, dass alle an der Therapie Beteiligten viel Geduld mitbringen, denn zunächst werden Hilfe- und Unterstützungsversuche unbeachtet bleiben. Dabei sind soziale Kontakte höchst bedeutsam für den Patienten. Wenn es ihm im Verlaufe der Behandlung wieder besser geht, kann er das auch ausdrücken. Das bedeutet auch, dass sich das soziale Umfeld nicht abweisen lässt und zum Patienten steht.

Gerade der Partner, soweit vorhanden, übt entscheidenden Einfluss auf den Verlauf der Erkrankung aus. Wichtig sind Hinweise und Beobachtungen sowie konstruktive Kritik.

Die Erkrankung wird medizinisch als eine Störung im Bereich der Botenstoffe des Gehirns verstanden oder als Stoffwechselstörung. Dies erleichtert das Verständnis für die medikamentöse Therapie, deren Wirkstoffe an diesen Stellen angreifen und die Erkrankung heilen.

Die Therapie besteht im Allgemeinen aus verschiedenen Komponenten. Selten ist es möglich, nur mit einem Therapieinstrument die Behandlung durchzuführen. Meistens bietet sich eine Kombination aus Medikamenten und Psychotherapie an, die durch weitere therapeutische Bestandteile ergänzt wird. Dies hat sich insbesondere für schwere Verläufe der Depression etabliert. Aber auch Kombinationen mit anderen Verfahren wie Psychotherapie, Musiktherapie oder Beschäftigungstherapie sind denkbar, das ist abhängig von den Interessen und den Möglichkeiten vor Ort.

Betroffene wie Angehörige stellen immer wieder die Frage, ob denn unbedingt ein Medikament gegeben werden müsse. Diese Frage ist natürlich berechtigt, zumal ja auch immer die Nebenwirkungen und die möglichen Abhängigkeiten bedacht werden müssen. Zu den Nebenwirkungen gehört etwa die Fahruntüchtigkeit oder die sinkende sexuelle Potenz bei Männern. Darüber sollte unbedingt offen gesprochen werden. Es fällt jedoch gerade alten Menschen schwer, über Sexualität zu sprechen, zumal Sexualität im Alter immer noch ein Tabuthema ist. Da es aber auch eine Sexualität im Alter gibt und in vielen Beziehungen regelmäßig praktiziert wird, sollten eventuelle Nebenwirkungen mit dem Arzt, der die Medikamente verschreibt, besprochen werden.

Immer wenn eine Depression diagnostiziert wird und ein hoher Leidensdruck besteht, der Patient Suizidgedanken hegt, von denen er sich schwer distanzieren kann, er Angst- und Panikattacken, wahnhafte Vorstellungen, Schlafstörungen hat und bereits andere Therapiemöglichkeiten nichts gebracht haben, dann sollte der Patient sich zu einer Medikation entschließen. Meistens hat der Arzt die Medikamente schon viel früher empfohlen, nur hat sie der Patient abgelehnt. In anderen Fällen wurden bereits Medikamente verschrieben, die der Patient aber nicht eingenommen hat, vielleicht weil er annimmt, er komme ohne sie zurecht, oder weil er einfach eine Abneigung gegen die Einnahme der Medikamente hegt. Mitgenommen werden Medikamente oft dennoch, weil man dem Arzt nicht widersprechen oder ihn nicht »enttäuschen« will. Daheim lesen die Patienten die Nebenwirkungen und legen die Medikamente lieber weg.

Wenn der Arzt feststellt, dass Medikamente notwendig sind, sollte der Patient zur Einnahme angehalten werden. Mit Überlegungen wie den folgenden ist die Depression nicht behandelbar: »Ich habe doch eigentlich gar keinen Grund traurig zu sein, mir geht es doch gut. Die Kinder sind aus dem Haus, das Haus ist abbezahlt, ich bekomme eine gute Pension, bin nicht ernsthaft krank, nur die Niedergeschlagenheit und die Magenbeschwerden. Ich habe doch nichts, bin doch nicht psychisch krank, benötige keine Medikamente.« Schuld und Scham überlagern das Ganze, auch ähnliche Überlegungen des Umfeldes helfen wenig.

Das Umfeld des Betroffenen fördert entweder durch die eigene Hilflosigkeit den Verlust seiner Lebensfreude und Energie oder konfrontiert den Betroffenen durch übertriebenen Aktivismus noch mehr mit seiner Hilflosigkeit, seinem Ausgeliefertsein gegenüber der Depression. »Nun reiß dich mal zusammen!« oder: »Schau doch mal, wie schön die Sonne scheint!« Das wirkt aber in diesem Moment kontraproduktiv, d. h., es bewirkt das Gegenteil. Der Depressive sieht eben die Welt durch die »graue Brille« und filtert seine Wahrnehmungen durch eine graue Scheibe. Durch solche Bemerkungen merkt er auch noch, dass ihn die Angehörigen und die Umwelt gar nicht in seinem Kranksein akzeptieren können. Deshalb muss der Arzt oder derjenige, der dies erkennt, auch ein Krankheitsverständnis beim Betroffenen wecken.

In der Sprachlosigkeit wird der Arzt häufig wegen körperlicher Leiden aufgesucht. Das Problem ist: Der Patient kommuniziert mit dem Körper. Jetzt muss der Patient sich vermitteln lassen, dass sein Leiden im Gehirn liegt und er bei dieser Störung ein Medikament erhalten muss, das das Gleichgewicht der hirneigenen Überträgerstoffe wieder herstellt, damit die Krankheit verschwindet.

Damit die Medikamente eingenommen werden, ist es wichtig, dass der Patient die Wirkungen und Nebenwirkungen kennt. Es ist die Aufgabe des Arztes, dem Patienten diese zu erklären, darüber hinaus können sie auf den Beipackzetteln der Medikamente nachgelesen werden. Dort sind allerdings häufig auch sehr seltene Nebenwirkungen mit aufgeführt, die den Patienten erschrecken können, was auch im ärztlichen Gespräch geklärt werden muss. Wird hingegen eine Einnahme nur vorgetäuscht, sind oft Arzt wie Angehörige darüber verwundert, dass die Behandlung offenbar nicht hilft.

Wann ist fachärztliche oder stationäre Therapie notwendig?

Immer wieder stellt sich die Frage, wann der Patient zum Facharzt oder gar ins Krankenhaus geschickt werden muss.

Gründe, die zur Über- bzw. Einweisung führen können:

**Therapieresistenz**: Der Patient nimmt die Medikamente ein, aber es tritt keine Wirkung oder keine Besserung ein. Möglich ist auch immer, dass der Patient die Medikamente gar nicht einnimmt, obwohl er schwer krank ist und Medikamente braucht. Dann kann er stationär besser im Auge behalten und überwacht werden bzw. er kann sich der Einnahme der Medikamente im Krankenhaus schlechter entziehen. Er nimmt sie unter Aufsicht ein und es können Blutuntersuchungen durchgeführt werden, die zeigen, ob das Medikament eingenommen wurde oder nicht. Das ist ambulant umständlicher.

**Suizidalität:** Lassen die Gedanken an Suizid den Patienten nicht mehr los, sind Medikamente und die Einweisung in eine stationäre Einrichtung unbedingt notwendig, um Schaden für den Patienten abzuwenden.

**Angst- und Panikattacken:** Sie können so stark sein, dass der Patient ihnen wehrlos ausgesetzt ist und nicht mehr aus noch ein weiß.

**Wahnhafte Depression:** Manchmal ist die Depression so schwer, dass der Patient Dinge sieht und Vorstellungen hat, die mit der Wirklichkeit nicht mehr in Einklang zu bringen sind. Es besteht die Gefahr, dass er die Realität verkennt und sich und anderen schadet.

Beispiel: Der Patient verkennt in seinem Wahn ein Fenster und stürzt unter der Vorstellung, ebenerdig in der Tür zu stehen, aus dem Fenster des 5. Stockwerks.

**Therapieresistente Schlaflosigkeit:** Der Patient kann weder bei Tag noch bei Nacht Schlaf finden. Das ist sowohl für ihn als auch für die Umgebung extrem quälend.

**Depressive Episode im Rahmen einer bipolaren Störung:** Es gibt Krankheiten, bei denen wechseln Phasen von »himmelhoch jauchzend« mit »zu Tode betrübt« ab. Die Fachbegriffe sind »Manie« und »Depression«. Befindet sich nun der Patient in der Phase des »Zu-Tode-Betrübt-Seins«, ist auch hier bei einer entsprechenden Ausprägung eine Einweisung notwendig.

**Schwerwiegende psychosoziale Probleme** (z.B. familiäre Konflikte, fehlende Betreuung bei alten Patienten): Oft ist es günstig und trägt zur Heilung bei, wenn der Patient aus seiner Umgebung herausgenommen und mit Medikamenten versorgt wird. Wenn er sich erholt hat, kann er in sein gewohntes Milieu zurückkehren.

Oft ist es ihm nach einer Behandlung möglich, sich mit seinen Problemen auseinander zu setzen oder sie zu ertragen. Ein Beispiel soll diese Situation illustrieren: Frau Käfer kann es nicht ertragen, dass die Schwiegertochter mit im Haus wohnt. Da sie aber deren Pflege bedarf und nicht ins Heim will, ist es für sie von Vorteil, zunächst im Krankenhaus behandelt zu werden und erst nach Besserung des gesundheitlichen Zustandes ins gewohnte Milieu zurückzukehren.

**Komorbidität** (Suchterkrankungen, Angst- und Persönlichkeitsstörungen, körperliche Begleiterkrankungen): Bei einem stationären Aufenthalt können die verschiedenen Erkrankungen besser und unter engmaschiger Überwachung behandelt werden.

Es können auch noch andere Einweisungsgründe vorliegen; die bisher genannten sollen nur eine Vorstellung von möglichen Einweisungsgründen bzw. Anlässen für Facharztüberweisungen vermitteln.

Eine Behandlung beim Facharzt oder in der Klinik sollte immer gut vorbereitet werden und seitens des Arztes und der Angehörigen mit dem Patienten ausführlich durchgesprochen werden. Oft hat der Arzt nicht die Zeit, ein langes Gespräch mit dem Patienten zu führen. Es ist aber notwendig, dass Patienten und Angehörigen bzw. Betreuern verdeutlicht wird, wie wichtig diese Behandlung ist.

Seitens der Angehörigen kann es nicht dabei belassen werden zu sagen, der Opa begreife das alles ohnehin nicht mehr. Meistens kann der Patient nicht angemessen reagieren, versteht aber sehr wohl, was gemeint ist und ob sich jemand Mühe mit ihm macht. Dieses Gefühl, nicht abgeschoben, sondern versorgt zu werden, trägt schon zur Heilung bei.

## Medikamentengruppen

Es gibt verschiedene Medikamente mit depressionslösender Wirkung. Insgesamt lassen sich verschiedene Gruppen unterscheiden. Das sind:

- selektive Serotoninwiederaufnahmehemmer (SSRI), etwa Citalopram, Sertralin, Fluvoxamin, Fluoxetin, Paroxetin;
- tri- und tetrazyklische Antidepressiva wie Imipramin, Clomipramin, Desipramin, Maprotilin, Doxepin, Nortriptylin, Amitriptylin;

- MAO-Hemmer, zum Beispiel Moclobemid;
- Medikamente mit anderen Wirkmechanismen, z.B. Mirtazepin, Venlafaxin, Nefazodon, Reboxetin;
- Phytopharmaka: Hier sind in erster Linie die Johanniskrautpräparate zu nennen, aber auch die Kava-Kava-Präparate, die in letzter Zeit in Misskredit geraten sind und vom Markt genommen wurden, weil sie mit Leberschäden in Zusammenhang gebracht wurden

## Wirkung und Nebenwirkungen

Wie nun wirken diese Medikamente? Verkürzt ausgedrückt lässt sich das so sagen: Anitdepressiva verlangsamen den Stoffwechsel im Gehirn und regeln den Pegel bestimmter Gehirnsubstanzen, was sich auf das Fühlen und Verhalten auswirkt. Genau genommen verändern sie die Neurotransmitterwerte. Dies geschieht aber nicht sofort, sondern frühestens nach 2–6 Wochen. Erst dann treten spürbare Veränderungen ein. Die genauen Zusammenhänge sind noch nicht aufgeklärt.

Wichtig zu wissen ist, dass die Antidepressiva die Symptome nehmen, aber nicht die Krankheitsdauer verkürzen. Das heißt, dass die Medikamente nicht einfach abgesetzt werden können oder nicht mehr eingenommen werden, sobald die gewünschte Wirkung eingetreten ist. Das wäre falsch, weil dann die Symptome wieder auftreten und der Patient von der Medikation keinen Nutzen mehr hat. Auch wenn die Besserung eintritt, werden über kurz oder lang die Symptome wieder auftreten.

Deshalb ist es wichtig, so früh wie möglich die Medikamente einzunehmen, um eine hohe Erfolgswahrscheinlichkeit zu erreichen. Je früher mit der Behandlung begonnen wird, desto besser. Das verhindert nämlich, dass die Krankheit chronisch wird, denn chronische Krankheiten lassen sich schlechter behandeln.

Leider verhindern die Antidepressiva das Auftreten erneuter depressiver Phasen nicht. Sind die beschwerdefreien Phasen kurz, muss zusammen mit dem Arzt überlegt werden, ob die Medikamente nicht durchgehend verabreicht werden. Hier ist das Zusammenspiel von Arzt und Patient und seiner Umgebung von großer Bedeutung.

Es ist sinnvoll, die Medikamente regelmäßig und in der entsprechenden Dosierung einzunehmen. Es nutzt nichts, sie zeitweise wegzulassen oder »zu vergessen«, weil es darauf ankommt, immer einen ausreichend hohen Blutspiegel des Medikaments im Körper zu haben. Nimmt man zu wenig ein, ist das wie mit Salz in der Suppe: Drei Gramm Salz werden auf drei Liter Wasser den Geschmack kaum verändern. Nur bei regelmäßiger und ausreichend hoher Einnahme des Medikaments kann es wirken. Auch hier ist die genaue Absprache mit dem Arzt wichtig. Eine Selbstmedikation ist nicht sinnvoll.

Nach Beendigung der Behandlung werden die Medikamente über einen Zeitraum von 3 – 4 Wochen abgesetzt. Aber auch in dieser Zeit besteht immer noch die Rückfallgefahr, deshalb sind Ruhe, Geduld und ärztliche Kontrolle gefragt. Das ist auch der Grund, weshalb die Behandlung mit Medikamenten nach deutlicher Besserung der Beschwerden unter deutlicher Verminderung der Dosis noch für mindestens ein halbes Jahr beibehalten wird.

Auch sollte sich der Patient nicht scheuen, die notwendigen Kontrolluntersuchungen wahrzunehmen. Weil alte Menschen auf Medikamente anders reagieren können als junge, ist es wichtig, Blutuntersuchungen durchzuführen (Nierenfunktion).

Einiges gilt es im Zusammenhang mit den Medikamenten noch zu bedenken:

Etwa die Hälfte aller Patienten spricht auf Medikamente an. Da es zu einem chronischen Verlauf kommen kann und die Rückfallgefahr hoch ist, ist oft eine langfristige Therapie notwendig. Die unerwünschten Wirkungen sind jedoch in höherem Alter oftmals stärker ausgeprägt und nicht selten bedrohlich für den Patienten. Deshalb sind die regelmäßigen Kontrollen und eine angemessene Dosierung so wichtig.

Die Wirkungen und Nebenwirkungen einzelner Stoffgruppen werden im Folgenden erläutert.

## SSRI

Bei dieser Stoffgruppe (Serotonin-Wiederaufnahme-Hemmer) handelt es sich um Medikamente, die die selektive Serotonin-Wiederaufnahme blockieren und dadurch den Spiegel des ungebundenen Serotonins im Gehirn erhöht. Diese Substanzen üben starken Einfluss auf die Stimmungen aus.

Diese Medikamentengruppe wirkt sich stark auf die Sexualität aus. Dies gilt für Männer wie für Frauen. Unterteilt man das sexuelle Erleben in die vier Phasen Begehren, Erregung, Orgasmus, Entspannung, so ist jede Phase betroffen. Nun mag sich für manche die Frage stellen, ob ein alter Mensch Sexualität habe bzw. brauche, aber dabei handelt es sich eher um ein abfälliges Vorurteil. Jeder alte Mensch sollte selbst entscheiden dürfen, ob ihm Sexualität etwas bedeutet oder nicht. Auch die Meinung, bei einer schweren Depression sei die Sexualität ohnehin nebensächlich, bestätigt sich oft im Einzelfall, kann aber nicht verallgemeinert werden. Körperlichkeit (bis hin zur Sexualität) kann auch eine Brücke zum Betroffenen sein.

### Tri- und tetrazyklische Antidepressiva

Diese Medikamentengruppe hat ein sehr gutes Wirkprofil. Sie nimmt auf mehrere Neurotransmitter Einfluss; gerade bei schweren Depressionen haben sie sich bewährt.

Der Nachteil liegt in den Nebenwirkungen. Sie äußern sich in Mundtrockenheit, Harnverhalt, Verstopfung oder können Herzrhythmusstörungen verursachen oder zu niedrigem Blutdruck mit entsprechenden Störungen führen.

Trizyklische Antidepressiva wirken stark beruhigend, was bei der Verabreichung auch bedacht werden sollte.

**Monoaminooxydase-Hemmstoffe**

Es handelt sich um eine Stoffgruppe, die schon lange bekannt ist und zufällig bei der Behandlung von Tuberkulosepatienten entdeckt wurde. Nach kurzer Behandlung wurden diese plötzlich »fröhlicher«. Auf diese Weise etablierte sich diese Behandlung bei Depressiven.

Bei Depressionen, bei denen Angst und Panik eine Rolle spielen, werden diese Stoffe häufig eingesetzt. Sie wirken stark antriebssteigernd. Dies kann sich, wenn der Patient Suizidgedanken hegt, fatal auswirken, denn dann besteht die Gefahr, dass er seine Selbstmordgedanken in die Tat umsetzt. Deshalb muss dies sorgfältig abgeklärt werden.

Typische Nebenwirkungen bei den MAO-Hemmern sind die Zunahme der Erregung und Unruhe, Zittern, hohe Schweißaussonderung, Krampfanfälle, Kopfschmerz, Schwindel, Blutdruckschwankungen.

Bei gleichzeitiger Einnahme von tyraminhaltigen Nahrungsmitteln kann es zu unerwünschten Wechselwirkungen kommen. Der Blutdruck kann stark ansteigen. Deshalb sind bestimmte Nahrungsmittel zu meiden, etwa bestimmte Käsesorten, Rotwein, Salzheringe, Salami, fermentierte Wurst, Schokolade, Fleischextrakt, Geflügelleber, getrocknete Früchte. Die Nebenwirkungen können auch nach Absetzen des Medikamentes bis zu sechs Wochen anhalten.

**Phytopharmaka**

Bei leichten Depressionen hat sich der Einsatz dieser pflanzlichen Mittel, allen voran Johanniskraut, sehr bewährt. Ängste und Depressionen werden gelindert. Bekannt ist oft der Inhaltsstoff Hypericin. Die Stimmung wird aufgehellt, der Mensch wieder aktiver und munterer.

Die Nebenwirkungen sind relativ gering. Bei manchen Menschen kommt es unter der Einnahme von Johanniskraut zu Sonnenunverträglichkeit (erhöhte Lichtempfindlichkeit), aber auch die

Bestrahlung im Sonnenstudio wirkt ungünstig. Wenn der Patient dies weiß, kann er sich entsprechend davor schützen. Er sollte sich dann nicht der Sonne aussetzen, indem er stundenlang in der Sonne liegt.

Es sind auch Wechselwirkungen mit anderen Medikamenten bekannt. So kann Johanniskraut etwa die Antibabypille, andere Hormonpräparate, Cholesterinsenker, Betablocker und Calcium-blocker oder auch Proteasehemmer (ein Medikament, das gegen HIV-Infektionen eingesetzt wird) in der Wirkung beeinträchtigen.

Auch Kava-Kava war lange ein Medikament, welches bei leichten Depressionen gerne verabreicht wurde. Allerdings ist Kava-Kava mittlerweile wegen schwer wiegender Nebenwirkungen, die Organschäden verursachen können, vom Markt genommen worden und sollte deshalb gar nicht mehr verabreicht werden.

Bei Schlafstörungen sind auch Hopfen, Melisse und Baldrian wirkungsvoll. Diese Substanzen sind bei Einschlafstörungen sehr hilfreich und können ohne Bedenken eingenommen werden. Bei leichten Schlafstörungen sind sie sogar sehr wirkungsvoll.

Es gibt Hinweise, dass Omega-3-Fettsäuren Depressionen lindern oder sogar verhindern. Diese mehrfach ungesättigten Fettsäuren können durch Stress, Alkohol, Nikotin und Kaffeekonsum gesenkt werden, dann ist es günstig, eine optimale Versorgung mit Omega-3-Fettsäuren durch den Verzehr von fettigem Fisch wie Makrelen und Lachs herbeizuführen. Sollte das nicht möglich sein, ist es sinnvoll, zu Nahrungsergänzungsmitteln zu greifen.

**Welches Medikament wird helfen?**

Welches Medikament aus welcher Substanzgruppe genommen wird, hängt von der Wirkung bzw. den Nebenwirkungen ab. Welches Medikament verabreicht wird, hängt aber auch von der Schwere der Depression und den Symptomen ab. Von Bedeutung ist, ob der Patient erstmalig unter einer Depression leidet, ob er bereits andere Medikamente einnimmt oder ob er im Zusammenhang mit einer Depression schon früher einmal mit Antidepressiva behandelt wurde. Es spielen vielerlei Überlegungen eine Rolle.

Es kann vorkommen, dass mehrere Medikamente ausprobiert werden müssen und erst eine Kombination mehrerer anschlägt. Manche Medikamente bringen nur vorübergehend eine Wirkung und müssen später durch ein anderes Medikament ersetzt werden. In solchen Fällen sind Geduld und Zuversicht gefragt. Bei der Vielzahl der heute auf dem Markt zugelassenen Medikamente findet sich mit hoher Sicherheit ein Präparat, das hilft.

Abhängig vom Beschwerdebild wird ein Medikament verabreicht, das beruhigend wirkt (sedierend), oder eines, das die Stimmung anhebt (psychomotorisch aktivierend), oder eine Kombination aus einem Medikament, das angst- und spannungslösend, und einem, das schlaffördernd wirkt. Wenn wahnhafte Ideen eine Rolle spielen, wird ein Medikament verabreicht, das die Wahnbildung hemmt.

Der Einsatz eines Medikamentes sollte weder negativ als letzter Ausweg angesehen werden noch als Allheilmittel. Wenn Medikamente angewendet werden, können sie die Symptome zum Verschwinden bringen. Einige der grundlegenden Ursachen muss der Patient jedoch allein oder mit einem anderen Menschen seines Vertrauens angehen, wie die Bewältigung des Verlustes einer wichtigen Bezugsperson.

Bezüglich der Medikamente ist es nicht nötig, sich Sorgen zu machen, sie könnten zu Abhängigkeit führen, denn sie erzeugen keine Abhängigkeit. Zu den Nebenwirkungen ist zu sagen, dass sie zwar auftreten (können), sie aber sehr gering ausgeprägt sind, wenn das richtige Arzneimittel in der richtigen Dosierung eingesetzt wird. Zu Beginn der Behandlung wird festgestellt, dass sich gar keine Änderung und schon gar keine Verbesserung zeigt. Es kann nämlich bis zu zwei Monate dauern, bis sich der volle Behandlungseffekt einstellt. Deshalb sind in jedem Fall Geduld und Ausdauer notwendig, bis die Zeit des Ansprechens auf das Medikament gekommen ist.

Wichtig ist es, mit dem Patienten im Gespräch zu bleiben, ihm die Vorgehensweise und die Medikation zu erklären. Dies ist zwar zunächst Aufgabe des Arztes, aber häufig vergisst oder verdrängt der Patient dessen Erklärungen und Ratschläge. So kann ihm dies von einer Person seines Vertrauens nochmals vergegenwärtigt werden. Es ist auch wichtig, ihn zu fragen, ob er alles verstanden hat, denn medizinische Zusammenhänge sind für Laien oft nicht sofort verständlich und das Nachfragen schafft Vertrauen und Erleichterung in der misslichen Lage.

Die folgende Tabelle enthält für ältere depressive Menschen empfehlenswerte Medikamente. Es handelt sich um eine Zusammenstellung derzeit gängiger Medikamente, es besteht kein Anspruch auf Vollständigkeit. Sie sind angeführt, um eine Vorstellung von Medikamenten zu bekommen, die derzeit häufig verordnet werden. Bei den Nebenwirkungen handelt es sich um zwei Gruppen, die hauptsächlich auftreten:

o anticholinerg: schneller Puls, Verstopfung, Schwitzen;

o Blasenentleerungsstörungen, Orthostase, Schwindelgefühl, Sturzgefahr.

**Tabelle    Antidepressiva für ältere Patienten**

| Wirkweise | Inhaltsstoff | Medikamenten-name | Nebenwirkungen |
|-----------|--------------|-------------------|----------------|
| Trizyklische Antidepressiva | Nortriptylin | Nortrilen | anticholinerge Effekte |
| | Clomipramin | Anafranil | anticholinerge Effekte |
| Reversible Inhibitoren der Monoaminooxydase A | Moclobemid | Aurorix | Nervosität, Schlafstörungen, Schwindel, Unruhe, Angst |

| Wirkweise | Inhaltsstoff | Medikamenten-name | Nebenwirkungen |
|---|---|---|---|
| Serotonin-Wiederaufnahme-Hemmer | Fluvoxamin | Floxyfral | Übelkeit, Erbrechen, Schwindel; Medikamente brauchen lange, bis sie im Körper verstoffwechselt werden |
| | Fluoxetine | Fluctine | Übelkeit, Erbrechen, Schwindel; Medikamente brauchen lange, bis sie im Körper verstoffwechselt werden |
| | Citalopram | Seropram | Übelkeit, Erbrechen, Schwindel; Medikamente brauchen lange, bis sie im Körper verstoffwechselt werden |
| | Trazodone | Trittico | anticholinerg, Orthostase, verschwommenes Sehen |
| | Ministerin | Tolvon 9 | anticholinerg, Orthostase, verschwommenes Sehen |
| Selektive Noradrenalin-Wiederaufnahmehemmer | Reboxetin Mirtazapin | Edronox Remergil | wenige wenige |

Da die wirksamen Blutspiegel der Medikamente bei alten Menschen wesentlich niedriger sein können als bei jüngeren und das Wiederausscheiden des Medikaments noch größeren Schwankungen unterliegt als bei jungen Menschen, ist es wichtig, die Dosierung entsprechend anzupassen, das heißt keine zu hohe Dosis zu verabreichen.

Dies klärt der Arzt. Für Patient und Angehörige ist dies wichtig zu wissen, wenn sie die Dosierungen im Waschzettel des Medikamentes lesen und feststellen, dass eine niedrigere Dosierung als die für Erwachsene übliche angeordnet wurde.

Dass die Medikamente hier zusammengestellt sind und die Wirkungen und Nebenwirkungen bekannt sind, heißt nicht, sie können ohne ärztliche Verschreibung verabreicht werden. Die Medikamente und ihre Dosierung werden sorgfältig vom Arzt ausgesucht und kontrolliert, eine Selbstmedikation kann gefährlich werden und unter Umständen schwere Nebenwirkungen zur Folge haben.

## Weitere Therapieverfahren

Es gibt noch einige zusätzliche Therapieverfahren, die eher selten Anwendung finden oder als letzter Ausweg betrachtet werden bzw. nicht für jeden in Betracht kommen. Das sind die Elektrokrampftherapie, die Lichttherapie und der Schlafentzug.

### Elektrokrampftherapie

Sehr wirkungsvoll ist die Elektrokrampftherapie bei Depressionen, ganz besonders bei Depressiven, die auf die Medikamente nicht ansprechen. Meist genügen wenige Behandlungen in mehrtägigen Abständen; anschließend kann mit Medikamenten weiterbehandelt werden. Oft hält der Erfolg der Therapie lange an. In Deutschland ist diese Therapie mit weltanschaulich-politischen Wertungen belastet und sehr in den Hintergrund getreten. Es gibt einige Zentren, die wieder vermehrt Elektrokrampfbehandlungen durchführen, es ist dies jedoch eine Therapie für schwere Fälle, bei denen andere Therapieansätze nicht erfolgreich waren.

Es gibt viele Ärzte, die Bedenken gegenüber dieser Therapie hegen. Es werden Schädigungen am Gehirn und kognitive Defekte als Nebenwirkungen angeführt. Durch die neuen Anästhesieverfahren sind die Nebenwirkungen jedoch sehr gering und die schweren Nebenwirkungen, die früher in Kauf genommen werden mussten, treten nur noch vorübergehend auf. Dennoch bleibt ein unsicheres Gefühl bei diesem Verfahren zurück, da die Wirkung letztendlich nicht vollständig geklärt ist und das Gehirn auch noch nicht komplett erforscht ist, was eben hinsichtlich der Wirkungsweise des Verfahrens Fragen offen lässt.

Offensichtlich aktiviert die Elektrokrampftherapie sowohl das Dopamin als auch die anderen Neurotransmitter im Gehirn erheblich, wahrscheinlich regt sie auch den Stoffwechsel im Stirnlappen an. Hohe Frequenzen heben den Grundumsatz, wohingegen niedrige ihn senken. Die Elektrokrampftherapie macht vorübergehend die Blut-Hirn-Schranke durchlässiger und offensichtlich macht dies ihre Wirkung aus. Wobei nicht nur der Stirnlappen, sondern auch der Hirnstamm in die Wirkung mit einbezogen werden. Die Methode selbst ist nicht nebenwirkungsfrei. Es können Konzentrationsstörungen, Kopfschmerzen und Verwirrtheit auftreten. Auch kann es zu Beeinträchtigungen des Kurz- und des Langzeitgedächtnisses kommen. Gewöhnlich vergehen diese Beeinträchtigungen wieder, aber manchmal kommt es zu bleibenden Ausfällen.

Es können wertvolle Erinnerungen verloren gehen, andererseits kann die Therapie regelrechte Wunder vollbringen, was die Wirkung und das Verschwinden der Symptome anbelangt. Für manche Menschen, die völlig ihre Lebenstüchtigkeit eingebüßt haben und die trotz aller Medikamente suizidal sind, kann diese Methode allerdings eine Erleichterung bringen. Keinesfalls aber darf die Methode wahllos oder gegen die Zustimmung des Patienten angewandt werden.

Höheres Alter ist kein Ausschlusskriterium für die Elektrokrampftherapie. Es ist im höheren Alter sogar eine Zunahme der Wirksamkeit zu beobachten. Da die Krampfschwelle im Alter höher ist, wird sie bei älteren Menschen individuell ausgelotet (FOLKERTS 1997, S. 160). Bei Herzerkrankungen muss von ärztlicher Seite genau geprüft werden, ob die Elektrokrampftherapie angewendet werden kann.

### Lichttherapie

Es gibt saisonal abhängige Depressionen, insbesondere die Winter-
depression. Hier kann die Lichttherapie eingesetzt werden. Der Patient schaut täglich für 1-2 Stunden in eine Lichtquelle von mindestens 2500 Lux. Durch den Einfluss einer bestimmten Wellenlänge
des Tageslichts wird der Serotoninhaushalt beeinflusst, der bei der
Depression eine große Rolle spielt. Es gibt Patienten, die davon profitieren.

Es ist auch ohne Frage belebend, wenn das Bett so gestellt wird
(bei bettlägerigen Patienten), dass es hell ist oder der Patient in den
Himmel und die helle Umgebung sehen kann. Dunkle, schlecht be-
leuchtete Räume schlagen zusätzlich auf das Gemüt und sollten als
Aufenthaltsort für Depressive vermieden werden.

### Schlafentzug bzw. Wachtherapie

Verlaufen Depressionen in Phasen, kann diese Behandlung zu einem positiven Ergebnis führen. Es kann ein totaler Schlafentzug
(die gesamte Nacht) von maximal 40 Stunden oder ein teilweiser
Schlafentzug (in der zweiten Nachthälfte) durchgeführt werden.

In einigen Fällen kommt es so zu einer günstigen Beeinflussung
der Tagesschwankungen. Meist bessert sich der Zustand kurzfristig.
Nebenwirkungen gibt es keine und diese Behandlung kann ambulant durchgeführt werden.

Gerade bei älteren Patienten hat sich diese Therapie als wirkungsvoll erwiesen. Die Behandlung wird etwa ein- bis dreimal pro
Woche durchgeführt und kann beliebig oft wiederholt werden.

Nicht immer hält die Wirkung dieser Behandlung an, aber sie ist
einen Versuch wert. Da die Wirkung oft nicht anhält, wird sie gerne
auch einer medikamentösen Behandlung vorgeschaltet, bis die Wirkung der Medikamente eintritt. Gerade die Kombination von
Schlafentzug und antidepressiver Behandlung hat sich als besonders
wirkungsvoll erwiesen. Die Risiken der Behandlung sind relativ gering (WIEGAND 1997, S. 159).

# Psychotherapie

*Eine alte Oma steht an der Bushaltestelle. Als endlich der Bus*
*kommt und die Dame einsteigt, sagt der Busfahrer:*
*»Das ist aber eine Kinderfahrkarte, meine Gnädigste.«*
*Da kontert die Oma: »Da können Sie mal sehen,*
*wie lange ich gewartet habe ...«*

Bei Depressionen handelt es sich um Zustände, die schwere Auswirkungen auf das Leben des Betroffenen und seiner Mitmenschen haben. Bei psychischen Symptomen und Problemen liegt es nahe, nach psychotherapeutischen Lösungen zu suchen. Bei der Psychotherapie gibt es verschiedene Schulen, verschiedene Theorien und sehr unterschiedliche Abläufe, die in diesem Kapitel kurz beschrieben und auf die Behandlung alter Menschen mit Depressionen bezogen werden.

Die Wirkung von Psychotherapie ist mittlerweile wissenschaftlich erwiesen. Sie kommt zustande durch eine psychologische Beeinflussung der Beziehungen des Klienten zu sich und seiner Umwelt. Das Ziel der Psychotherapie ist es, die körperlichen und psychosozialen Voraussetzungen der Klientinnen und Klienten zur aktiven Gestaltung ihrer Lebensbedingungen zu verbessern. Dabei geht es darum, die eigenen Gesundungskräfte zu mobilisieren und eine ganzheitliche Wiederherstellung des seelisch-körperlichen Gleichgewichts zu erreichen.

Im Mittelpunkt der Behandlung steht das Verbessern der Wahrnehmung eigener Gefühle und Bedürfnisse, das Verstehen von Konflikten und deren Ursachen sowie das Finden und Einüben neuer Verhaltensweisen.

Lange existierte die Auffassung, dass alte Menschen von Psychotherapie nicht profitierten könnten und sie bei ihnen nichts nütze.

Es hat sich allerdings längst gezeigt, dass auch alte Menschen von der Psychotherapie profitieren, und zwar häufig sogar schneller als jüngere. Das mag wohl an ihrer Lebenserfahrung liegen: Sie können Zusammenhänge komplexer erfassen und einen Weg finden. Diese Erkenntnis ist bisher leider wenig bekannt, daher wird Psychotherapie bei alten Menschen bisher selten angewandt. Das kann auch daran liegen, dass die gegenwärtigen alten Generationen bisher wenig Gelegenheit hatten, sich mit ihren Gefühlen und Befindlichkeiten auseinander zu setzen, und deshalb selbst der Psychotherapie skeptisch gegenübersteht.

Die heutigen alten Menschen haben den Krieg mit seinen Entbehrungen und Leiden erlebt, den Wiederaufbau erarbeitet und konnten sich dabei wenig mit der eigenen Befindlichkeit und der eigenen Gefühlslage befassen. Leistung, Funktionieren und materielles Vorwärtskommen standen ihr Leben lang im Vordergrund und wurden von vielen sehr erfolgreich bewältigt.

Menschen müssen sich jedoch bis zu ihrem Lebensende mit psychischen Konflikten auseinander setzen. Dass sie dabei altern, beeinflusst bis zu einem gewissen Grade den Inhalt dieser Konflikte. Bei älteren Menschen treten hauptsächlich reale Verlusterfahrungen und die Auseinandersetzung mit der Begrenztheit des eigenen Lebens in den Vordergrund. Hierbei handelt es sich aber um konflikthafte Erfahrungen, die grundsätzlich einer Psychotherapie zugänglich sind. Oft entdecken Menschen erst im höheren Lebensalter Möglichkeiten der Selbstentfaltung, die sie bis dahin für sich versperrt glaubten.

Psychotherapie ist am erfolgreichsten, wenn sie so früh wie möglich begonnen wird. Voraussetzung ist, dass der Klient eine innere Veränderungsbereitschaft mitbringt und sich *aktiv* um die Mitgestaltung der Behandlung bemüht. Das heißt, dass er sich anvertraut und lernt, offen über sich und seine Probleme und Konflikte zu reden.

Indiziert ist bei älteren Menschen durchaus auch eine psychoanalytisch orientierte Psychotherapie, in der es möglich wird, das aktuelle Erleben mit früheren Ereignissen der eigenen Lebensgeschichte auf eine neue sinnvolle Weise zu verbinden. Manchmal kann dabei der psychotherapeutische Umgang mit körperlichen Erkrankungen, hirnorganischen Veränderungen oder auch dem nahen Tod ganz in den Vordergrund treten. In anderen Fällen können gerade ältere Menschen in der Psychotherapie für sich einen neuen Anfang finden (Rohde-Dachser 2001, S. 71).

Psychotherapie findet einzeln, in Gruppen oder in »Systemen«, d. h. Paaren oder Familien, statt und wird ambulant oder auch in Kliniken von dafür ausgebildeten Therapeuten, meist Ärzten oder Psychologen, durchgeführt. Die Therapie findet regelmäßig statt, zu einem bestimmten Zeitpunkt, an einem bestimmten Ort, bei demselben Therapeuten und ist im Allgemeinen auf 50 Minuten pro Sitzung begrenzt. Eine Therapie kann als Kurz- oder Langzeittherapie angelegt sein, eine Sonderform ist die kurzzeitige Krisenintervention. Von einer Kurzzeittherapie wird gesprochen, wenn die Therapie längstens 25 Stunden beträgt. Die Langzeittherapie kann weitaus mehr Stunden umfassen und sich über mehrere Jahre erstrecken.

In der Psychotherapie berichtet der Klient dem Therapeuten von gegenwärtigen Empfindungen und Erlebnissen. Dem Therapeuten fällt in den tiefenpsychologisch orientierten Verfahren die Aufgabe zu, gründlich und aufmerksam zuzuhören, während der Patient nach verborgenen Motiven forscht, um die tieferen Gründe seines Verhaltens zu verstehen. In der Regel beruhen Psychotherapien auf dem Prinzip, dass es der erste Schritt ist, Probleme zu benennen. Die Quelle der Probleme (zweiter Schritt) zu kennen dient schon der Lösung. Oft werden Strategien vermittelt, um diese Einsicht für die Linderung zu nutzen. Dabei kann der Therapeut dem Klienten durch gezielte, nicht urteilende oder bewertende Hinweise zu Erkenntnissen verhelfen, die sein Verhalten beeinflussen und dadurch die Lebensqualität erhöhen.

Im Allgemeinen werden einer Psychotherapie fünf Stunden vorgeschaltet (»probatorische Sitzungen«, für die noch kein Krankenkassenantrag gestellt werden muss), um festzustellen, ob eine Behandlungsbedürftigkeit besteht und ob Klient und Therapeut miteinander arbeiten können. Der Therapeut erstellt nach diesen Stunden einen Bericht für einen Gutachter und zusammen mit dem Klienten den Antrag. Der Gutachter stellt fest, ob die Behandlung genehmigt und von der Kasse bezahlt werden kann. Neu ist, dass nicht unbedingt ein Arzt als Überweiser vorgeschaltet werden muss, die psychologischen Therapeuten stellen jetzt die Anträge unmittelbar selbst.

Von einem Arzt muss jedoch eine Bescheinigung beigebracht werden, aus der hervorgeht, dass keine rein körperliche Erkrankung als Ursache der psychischen Beeinträchtigung vorliegt.

Ein Problem bei Depressionen ist häufig die Motivation zur Psychotherapie, da ja gerade der Antrieb, die Hoffnung, das Gefühl der Sinnhaftigkeit bei Depressionen gestört ist. Eine Psychotherapie bei Depressionen bedeutet aber auch, dass der Patient, der in seiner depressiven Hilflosigkeit gefangen ist, gerade in der Anfangsphase der Behandlung eine Entlastung erfährt und gleichzeitig ein Schutz vor einem Rückfall bzw. einer Verschlimmerung besteht. Ein Therapeut kann helfen und Mut machen, wieder Kontakte zu knüpfen und ein soziales Netz aufzubauen, um der Depression die Dramatik zu nehmen.

**MERKE**  Zu Beginn der Behandlung wird der Depressive kein größeres Interesse an Psychotherapie zeigen. Dies hängt mit dem Beschwerdebild zusammen, die Zukunft erscheint ihm grau in grau und freudlos. Jetzt gilt es, Geduld zu haben und den Patienten zunächst »in seinem Loch« zu begleiten, bis die Therapie angeschlagen hat und er die Wirkung verspürt und sich besser auf die therapeutische Beziehung einlassen kann bzw. schließlich die Fäden zur Veränderung selbst in die Hände nimmt.

Es gibt sehr viele *verschiedene Verfahren* in der Psychotherapie. Die wichtigsten sind:

- Psychoanalyse
- Tiefenpsychologisch fundierte Psychotherapie
- Verhaltenstherapie
- Klientenzentrierte Gesprächspsychotherapie
- Expressiv orientierte Psychotherapie (Gestalttherapie, Psychodrama, Katathymes Bilderleben)
- Interpersonelle Therapie
- Körpertherapien
- Entspannungsverfahren
- Systemische Therapie (Einzel-, Paar-, Familientherapie)
- Gruppentherapie

Für den Klienten ist es wichtig zu wissen, dass nur einige der Verfahren von der Krankenkasse übernommen und bezahlt werden. Die Krankenkassen haben Listen der von ihnen zugelassenen Therapeuten, die man dort bekommen kann. Übernommen werden die Kosten der Psychoanalyse, der tiefenpsychologisch fundierten Psychotherapie und Verhaltenstherapie sowie ergänzend autogenes Training (gehört zu den Entspannungsverfahren) und Gruppentherapie (eingeschränkt).

Die anderen Verfahren müssen grundsätzlich aus eigener Tasche bezahlt werden. Einige der Verfahren werden vorzugsweise unter stationären Bedingungen angewandt.

Natürlich stellt sich die Frage, von welchem Verfahren die größte Wirksamkeit im konkreten Einzelfall zu erwarten ist. Es gibt eine Studie, die sich mit dieser Fragestellung befasst hat. Dabei hat sich herausgestellt, dass die Psychotherapie allein der Behandlung schwer depressiver Menschen mit Antidepressiva kurzfristig leicht unterlegen ist. Langfristig gesehen ist wiederum die Behandlung mit Psychotherapie effektiver. Die Studie befasste sich vor allem mit der Wirksamkeit von Verhaltenstherapie, psychoanalytischer Kurztherapie und Familientherapie. Das heißt, für die übrigen Verfahren sind noch keine Wirksamkeitsnachweise durchgeführt worden. Insbesondere fehlen solche vergleichenden Studien für die Behandlung älterer depressiver Menschen (RAHN 1992, S. 350). Deshalb kann an dieser Stelle auch keine eindeutige Empfehlung für die eine oder andere Methode ausgesprochen werden.

Die Wahl der psychotherapeutischen Behandlungsmethode richtet sich daher nach den persönlichen Besonderheiten der Klienten. Entscheidend sind hier Antworten auf folgende Fragen:

o Wie beziehungsfähig ist der Klient?

o Welchen Bezug hat die Symptomatik zu aktuellen Konflikten?

o Wie ist er sozial und familiär eingebunden, gibt es familiäre Konflikte, gibt es soziale Unterstützung?

In einem Gespräch mit dem Hausarzt, einem Psychiater oder mit einem Psychotherapeuten kann gemeinsam entschieden werden, welche Therapieform in Frage kommt und Erfolg verspricht. Ist es etwa für einen Klienten schwierig, Nähe auszuhalten und Beziehungen aufzunehmen, kann er vielleicht eher von einer Gruppentherapie profitieren. Eventuell kann er dann später in eine Einzeltherapie wechseln, um spezielle Konflikte in einer tiefenpsychologisch fundierten Psychotherapie aufzuarbeiten. Bestehen Bezüge zwischen Symptomen und aktuellen Konflikten, kann Psychoanalyse oder tiefenpsychologisch fundierte Psychotherapie sinnvoll sein. Bei familiären Konflikten kann eine Familientherapie Sinn machen. So wird speziell untersucht, welche Therapie für den einzelnen Klienten sinn voll ist. Psychotherapeuten beherrschen verschiedene Methoden und können diese individuell anwenden.

Von großer Bedeutung ist in therapeutischen Beziehungen immer, dass sich ein tragfähiges Arbeitsbündnis zwischen Klient und Therapeut herausbildet, dass die »Chemie« stimmt. Es geht schließlich darum, eine enge Beziehung aufzubauen und persönliche und zum Teil intime Lebensthemen zu besprechen. Da braucht der eine jemanden, der sehr herzlich wirkt, der andere kommt besser mit jemandem zurecht, der eher distanziert und professionell zurückhaltend ist.

**MERKE** Wurde eine Psychotherapie empfohlen, ist es wichtig, den depressiven Menschen dazu zu motivieren. Sehen Sie als Angehöriger den Therapeuten nicht als Konkurrenten an oder als einen, der den Betroffenen nur gegen sein soziales Umfeld »aufhetzt«. Selbstverständlich werden Probleme und Konflikte mit anderen im Rahmen einer Therapie angesprochen. Vielleicht wird der Patient auch selbstbewusster und wird Dinge sagen, die er vor der Therapie nicht an- oder ausgesprochen hätte, oder wird einen eigenen Standpunkt vertreten. Bedenken Sie aber immer: Von einer Psychotherapie profitieren Patient und Umfeld.

## Psychoanalytische Verfahren

Bei den psychoanalytischen Verfahren geht es – verkürzt gesagt – um die Aufdeckung *unbewusster* Konflikte. Bewusste Konflikte kann der Mensch meistens selbst beleuchten und bearbeiten. Häufig gibt es aber Situationen, in denen der Mensch sich offensichtlich in innere Konflikte verstrickt: etwa sehr gereizte oder gekränkte Reaktionen auf Situationen, die anderen wenig nervend oder kränkend erscheinen. In solchen Momenten scheint der Mensch ein Gefangener der eigenen Gefühle und Impulse zu sein. Ziel der Psychoanalyse ist es, die zu Grunde liegenden Konflikte und Erfahrungen sichtbar und verstehbar zu machen. Dadurch verlieren sie ihre Macht über den Menschen, denn wenn Probleme und Motive bekannt sind, können neue, bewusste Entscheidungen getroffen werden.

Psychoanalytische Verfahren nehmen meistens lange Zeit in Anspruch, oft mehrere Jahre. Das Verfahren ist sehr intensiv. Es geht darum, durch diese intensive Begegnungsform eine Veränderung der Persönlichkeitsstruktur zu erreichen. Dies gelingt dann, wenn der Klient sich auf das Beziehungsangebot des Therapeuten einlassen kann, was auch mit persönlicher Sympathie und Vertrauen zwischen den beiden zu tun hat. Veränderbar ist gleichwohl nur das, was der Patient zu verändern zulässt.

Zentrale Begriffe in der psychoanalytischen Behandlungsmethode sind »Widerstand«, »Übertragung«, »Gegenübertragung«, »Deutung« und »szenisches Verstehen«.

Im psychoanalytischen Verständnis ist Widerstand ein Ausdruck einer unbewussten Abwehr des Menschen gegen das Aufdecken von Konflikten, insbesondere in der »Übertragung« auf den Analytiker. »Übertragung« heißt, dass der Klient frühere, verdrängte Beziehungserfahrungen und damit verbundene Wünsche auf den Analytiker überträgt: Ein Klient, der etwa einen autoritären Vater hatte, wird den Psychoanalytiker in der Analyse früher oder später so erleben, als ob dieser ihm Vorschriften mache und er mit einer »Bestrafung« rechnen müsse, wenn er diese nicht befolgt. So werden, grob gesprochen, alte Verhaltensmuster innerhalb der Übertragung sichtbar und können bearbeitet werden.

»Deutung« im psychoanalytischen Sinn meint die vom Analytiker ausgesprochene hypothetische Erklärung für das Verhalten des Klienten, insbesondere seines Verhaltens innerhalb der Übertragung. Die Deutung bewirkt Einsicht und das Durcharbeiten zielt auf eine Veränderung. Ziel sind die Konfliktaufdeckung und Konfliktbearbeitung.

Das Ziel dieser Therapieform besteht darin, die Persönlichkeits- oder Charakterstruktur des Klienten zu erkennen und ggf. zu ändern. Nicht die Symptome sollen behandelt werden. Es geht darum, Verbesserungen im zwischenmenschlichen Vertrauen zu erreichen, Fähigkeit zur Intimität, zum Trauern sowie zum Erleben einer großen Bandbreite von Emotionen zu erwerben. Der Klient soll neue Verhaltensmuster erlernen und ein neues Selbstbild entwickeln.

Insgesamt werden für die Therapiedauer 80–300 Stunden veranschlagt und die Therapie erfolgt im Allgemeinen im Liegen. Das heißt, der Klient liegt auf der Couch, der Therapeut sitzt hinter ihm. So kann der Klient frei seinen Gedanken nachgehen und wird zum Beispiel nicht von der Mimik des Therapeuten abgelenkt.

## Tiefenpsychologisch fundierte Psychotherapie

Diese Methode ist aus der psychoanalytischen Technik abgeleitet. Im Gegensatz zu dieser konzentriert sie sich auf den aktuellen Konflikt und legt weniger Wert darauf, in frühere Erlebnisse und Gefühle zurückzugehen. Der Einstieg in den therapeutischen Weg geschieht über thematisch gesetzte Fragen. Dadurch zentriert sich das vom Klienten erinnerte Material und der Konflikt kann herausgearbeitet und die Situation geklärt werden. Die Bedeutung kann in einen Zusammenhang mit dem Verhalten des Klienten gestellt werden. Der Therapeut deutet das Geschehen, um damit das Unbewusste bewusst zu machen.

Klienten berichten über aktuelle Probleme oder Konflikte. Mit Hilfe des Therapeuten werden sie dahin geführt, sich an alte, ähnliche, nicht »aufgelöste« Konflikte, meist aus der Kindheit, zu erinnern. An diesen kann gearbeitet werden und darüber das Verständnis für das aktuelle Verhalten aufkommen.

Die Tiefenpsychologie geht davon aus, dass bestimmte Konflikte immer wieder neu inszeniert werden (müssen), und zwar so lange, bis eine Lösung gefunden wird und quasi der verwunschene Prinz durch Kuss (etwa ein Aha-Erlebnis) erlöst wird, womit eine erneute Inszenierung im Lebensalltag nicht mehr nötig ist. Ein Beispiel:

Frau Karl reagiert immer heftig und wird schon mal laut, wenn sie nicht sofort bekommt, was sie will. Sie war das achte von neun Kindern und kam immer zuletzt an die Reihe. Sie hatte immer das Gefühl, vergessen zu werden oder zu kurz zu kommen. Seit ihr das klar ist und zudem, dass ihre Wünsche auch erhört werden, wenn sie nicht gleich losschreit, kann sie sich ruhiger äußern.

Diese Therapie dauert in der Regel etwa 80-100 Sitzungen, wobei eine Stunde pro Woche vorgesehen ist. Genügt eine Kurzzeittherapie, dauert die Behandlung bis zu 25 Stunden. Therapeut und Klient sitzen sich bei dieser Behandlungsmethode gegenüber.

## Verhaltenstherapie

Diese Therapierichtung ist aus den Experimenten und Theorien der Lernpsychologie entwickelt worden. Theoretisch liegt ihr zu Grunde, dass Verhaltensstörungen als erlerntes Fehlverhalten angesehen werden bzw. als falsch angepasstes Verhalten an psychosoziale Bedingungen.

Zunächst werden diese »falschen« Verhaltensweisen benannt und herausgearbeitet, dann werden alternative, erwünschte Verhaltensweisen formuliert. Durch konkrete Überlegungen, Pläne und Übungen soll »umgelernt« werden.

Dafür gibt es verschiedene Techniken bzw. Methoden:

- Lernen am Erfolg (Konditionierung)
- Lernen durch Nachahmung (Imitation)
- Desensibilisierung
- Selbstbehauptungstraining
- Biofeedback
- Kontakttraining
- negatives Üben (Aversionstherapie)

Mit Hilfe der Aversionstherapie können etwa Menschen, die zu einem zerstörerischen Selbstbild neigen, lernen, sich zu einem bestimmten Denken zu zwingen, und dadurch ihre Realität grundlegend verändern. Die Idee, die hinter diesem Konzept steht, ist, dass Depressionen auf einer unangemessenen Logik beruhen und durch die Korrektur der Fehlschlüsse die Krankheit überwunden werden kann. Der Klient stellt depressionsauslösende oder -verstärkende Erlebnisse und Situationen zusammen, prüft, warum er sie deprimierend findet, und versucht unangemessene Verhaltensweisen abzulegen. In einem zweiten Schritt lernt der Klient, seine »automatischen« Gedanken zu neutralisieren und durch hilfreichere zu ersetzen. Voraussetzung für diese Therapie ist immer ein vertrauensvolles Verhältnis zwischen Therapeut und Klient.

Eine medizinische Erklärung für die Wirksamkeit solcher Umlernprozesse ist die Auffassung, dass der verhaltensorientierte Ansatz die Biochemie des Gehirns – vielleicht ähnlich wie Medikamente – verändert. Kognitive Therapien, die angstlindernd wirken, können den Stoffwechsel des Gehirns verlangsamen. Genau nach diesem Prinzip regeln Antidepressiva den Pegel bestimmter Gehirnsubstanzen und wirken dadurch auf das Fühlen und Verhalten ein.

Die Verhaltenstherapie ist schon innerhalb von Kurzzeittherapien (bis 25 Sitzungen) sehr erfolgreich. In Studien wird ihre hohe Wirksamkeit belegt.

## Weitere psychotherapeutische Ansätze

Die folgenden Therapieansätze werden in der Regel nicht von den Krankenkassen bezahlt und einige haben auch keine geschützten Berufsbezeichnungen, anders als bei den drei bisher genannten Verfahren.

### Klientenzentrierte Gesprächspsychotherapie

Diese Therapieform geht auf C. Rogers zurück. Die Therapie ist auf den Klienten als Person bezogen und nicht auf seine Krankheit oder Symptomatik. Es kommt zu einem Dialog zwischen Arzt und Klient. Ausgangspunkt der Therapie ist, dass jedem Menschen ausreichende Kräfte innewohnen, um seine Probleme zu lösen. Diese Kräfte müssen nur geweckt und befreit werden. Wichtig ist die unbedingte emotional positive Zuwendung und Annahme des Klienten, »Echtheit« und empathisches Verstehen. Es gibt einige Regeln bei dieser Therapie:

Alles, was der Patient über sein Erleben und Verhalten berichtet, wird vom Therapeuten wiederholt. Er formuliert dies möglichst genau, präzisiert das Gesagte durch sprachliche Verdeutlichung, ohne jedoch zu deuten oder zu interpretieren. So wird versucht, die Klienten zur Selbsterforschung zu bewegen, damit sie den emotionalen Gehalt ihrer Erlebnisse zu erkennen vermögen. Dadurch sollen sie ihre Verhaltensstrukturen und Erwartungen neu sichten und verändern lernen.

Hauptziele sind:

- Unterstützung der Selbstentfaltung
- Förderung emotionaler Sicherheit
- Förderung der Flexibilität in Denken und Verhalten
- Entwicklung von Verhaltensalternativen
- Situationsveränderung des Patienten nach seinen Zielen und durch ihn selbst
- Förderung von Bereitschaft und Fähigkeit zur Aufnahme und Gestaltung sozialer Beziehungen
- Förderung der Fähigkeit, Konflikte und Probleme angemessen zu verarbeiten

Die Therapie umfasst in der Regel 4 – 20 Stunden zu 45 Minuten. Sie eignet sich gut zur Krisenintervention, bei Selbstwertproblematik, Ängstlichkeit und Unsicherheit, aktuellen Konflikten, Anpassungsschwierigkeiten.

**Expressiv orientierte Psychotherapieverfahren**

Zu diesen Therapieverfahren zählen Gestalttherapie, Psychodrama und katathymes Bilderleben. Diese Therapieverfahren sind auf emotionale Neuerfahrung gerichtet und bedienen sich dazu bestimmter regressionsfördernder, häufig bildhaft ausgestalteter Techniken.

Die *Gestalttherapie* geht auf F. Perls zurück. Ihr Ziel ist es, dem Klienten vor allem in der Konfrontation mit seinem körperlichen Ausdruck und seiner Mimik und Gestik die unerledigten Szenen der Vergangenheit im Hier und Jetzt bewusst zu machen.

Das *Psychodrama* wurde von J. Moreno entwickelt. Es zielt auf die Darstellung unerledigter Konflikte der Vergangenheit im Rollenspiel nach genau festgelegten Regeln, die in die therapeutische Regression hinein- und wieder aus ihr herausführen. Auf diese Weise kann der Klient seine Probleme im Spiel darstellen und zusammen mit dem Therapeuten bearbeiten sowie zu neuen Problemlösungen und Verhaltensweisen finden.

Das *katathyme Bilderleben* bearbeitet innere Konflikte mit Hilfe der Tagtraumtechnik. Dabei werden Bilder vorgestellt und der Klient erzählt seine Vorstellungen, Gedanken, Träume und Fantasien zu dem Bild. Auf diese Weise kommen Psychotherapeut und Klient miteinander ins Gespräch und können sich über die Anliegen und Probleme des Klienten auseinander setzen.

## Interpersonelle Psychotherapie (ITP)

Dieses Verfahren stammt aus Amerika und wurde dort speziell für die Behandlung depressiver Menschen entwickelt. Bei dieser Methode wird die Depression in einen aktuellen interpersonellen Zusammenhang gestellt. Dass es zur Ausbildung einer Depression kommt, wird als schlecht gelungener Anpassungsversuch des Klienten an seine Umgebung angesehen. Es wird davon ausgegangen, dass das psychosoziale Umfeld und die psychiatrische Erkrankung miteinander im Zusammenhang stehen und die Depression verändert und beeinflusst werden kann, indem Veränderungen des Lebensumfeldes erfolgen (soziale Unterstützung, Bedeutung von Verlusten, Partnerschaftskonflikte etc.). Diese Methode befasst sich mit einem zentralen Problem und orientiert sich an dessen Bewältigung: Der Klient nennt einen oder zwei Problemkreise, die er durch bessere Strategien und Fertigkeiten bewältigen möchte.

Gerade ältere depressive Personen profitieren von diesem Verfahren, da deren zentralen Probleme wie Isolierung, Einsamkeit und körperliche Beschwerden eine erhöhte Aufmerksamkeit gewidmet wird.

**Systemische Therapie**

Bei dieser Therapie werden seelische Erkrankungen als Ausdruck von Störungen des jeweiligen sozialen Systems gesehen, in das der Klient verankert ist, meistens ist es die Familie. Nicht nur der Einzelne ist gestört, sondern insbesondere die Beziehungen innerhalb der Systemmitglieder. Bei dieser Therapieform wird deshalb nicht eine Änderung für den Einzelnen angestrebt, sondern ein Änderung der Interaktionen innerhalb des Systems (ROHDE-DACHSER 2001, S. 71).

Diese Therapie kann angewendet werden, wenn davon auszugehen ist, dass die Erkrankung des Patienten auf einem Familienproblem beruht oder es in der Familie gerade eine Krise gibt. Nun ist vielleicht einzuwenden, dass viele ältere Menschen allein leben oder keine Familie mehr haben. In dem Fall kann auch das sonstige soziale Umfeld des Klienten eine Rolle spielen, etwa Freunde, Nachbarn oder andere Menschen, zu denen ein engerer Kontakt besteht.

Zentral ist auch hier die Kommunikation untereinander. Dadurch werden Erklärungsmodelle des Klienten und seiner Bezugspersonen, aus denen sich gemeinsame Handlungsmuster ableiten lassen, dargelegt und hinterfragt. Es können so Änderungen vollzogen werden und sich neue Verhaltensmuster entwickeln.

**Gruppentherapie**

In der Regel treffen sich einmal wöchentlich etwa 10–12 Teilnehmer für 90 Minuten immer am selben Ort und unter Anleitung eines ausgebildeten Therapeuten. Sie sprechen über ihre Probleme, Konflikte, Ereignisse und Vorkommnisse, die sie bewegen oder belasten. Dinge, die ihnen problematisch erscheinen, können beleuchtet und bearbeitet werden. Es kann ein Erfahrungsaustausch erfolgen und andere Meinungen können gehört werden.

Besonders für alte Menschen ist Gruppentherapie (oder ähnliche Gruppenangebote) von Vorteil. Sie sind nicht immer direkt und persönlich angesprochen, da es mehrere Teilnehmer gibt, und sie müssen nicht die ganze Zeit voll aufmerksam sein. Gleichzeitig können sie sich selbst jederzeit einbringen und ihre Probleme anderen vorstellen, um eine Lösung finden. Auch lernen sie, ihren Platz in einer Gruppe zu finden und wahrzunehmen.

Da ältere Menschen häufig wenig Kontakte haben, ist dies eine weitere Möglichkeit, aus der Isolation herauszukommen und neue Kontakte zu knüpfen.

Es gibt Klienten, die gut von der Gruppensituation profitieren, unter anderem durch die Erfahrung, mit ihrem Problem nicht allein zu sein. Sie sehen, dass auch andere Menschen ähnliche Sorgen und Empfindungen haben. Die Teilnehmer können erfahren, wie andere mit den Problemen umgehen, und durch diese Beispiele lernen. Zusammenhalt und Kontinuität können in der Gruppe erlebt werden, Gefühle können in wohlwollender Atmosphäre ausgedrückt werden und dadurch kann eine korrigierende Wiederholung von Erfahrungen erfolgen.

Nachteile der Gruppentherapie gegenüber der Einzelbehandlung können sein, dass eine umfassende individuelle Konfliktbearbeitung nicht möglich ist, dass die in der Gruppe auftretenden Prozesse auch anstrengend sind und dass die Kontakte zu den anderen Gruppenmitgliedern nicht förderlich sind.

Nicht nur Psychotherapie bietet sich als Gruppenveranstaltung an, auch Selbsthilfe findet sowohl für Betroffene wie auch für Angehörige psychisch Kranker als Gruppenangebot statt. Hier steht der Erfahrungsaustausch unter »Gleichgesinnten« im Vordergrund (siehe auch das Kapitel zum Sport).

Es gibt ein spezielles Konzept der Gruppentherapie (HAUTZINGER 2000, S. 51 ff.), das wegen seiner guten Wirksamkeit hier noch angesprochen werden soll.

Idealerweise besteht die Gruppe aus 6–8 Teilnehmern, die alle an beeinträchtigenden depressiven Symptomen leiden; deren Schweregrad kann unterschiedlich sein. Das Alter sollte in etwa ähnlich sein, d. h., Schwankungen von zehn Jahren schaden zwar nicht, jedoch sollten Menschen, die noch im Beruf stehen, und sehr Betagte keine gemeinsame Gruppe bilden, da die Probleme zu unterschiedlich sind. Vor Gruppenbeginn werden die Teilnehmer gründlich untersucht und auf die Gruppe vorbereitet.

Das Programm setzt sich aus 12 Sitzungen zusammen. Jede Stunde läuft nach einem ähnlichen Muster: Zu Beginn jeder Sitzung erfolgt eine Begrüßung und Vorstellung der einzelnen Teilnehmer. Es folgt eine Information über den Ablauf und eine tabellarische Übersicht über die Struktur und die Ziele des Abends und der benötigten Materialien wird ausgegeben. Alle Sitzungen stehen jeweils unter einem bestimmten Motto, zu dem mit vorgefertigten Folien und Materialien gearbeitet wird. Zum Schluss werden »Hausaufgaben« verteilt und jeder Teilnehmer gibt am Ende der Stunde ein Stimmungsbild ab.

Es handelt sich um ein detailliert ausgearbeitetes Programm. Beispiele für Themen der einzelnen Sitzungen sind etwa:

- Angenehme Tätigkeiten und ihre Auswirkungen auf die Stimmung.
- Planung angenehmer Tätigkeiten im Wochenplan.
- Positive und negative Gedanken beeinflussen das Befinden.

# Körpertherapien

*Ein älterer Mann schiebt einen Kinderwagen durch den Park,*
*in dem ein laut schreiender Säugling liegt. Der Mann sagt ständig:*
*»Ganz ruhig, Paulchen! Ganz ruhig, Paulchen!«*
*Aber das Kind schreit weiter. Voller Mitgefühl erkundigt sich*
*eine ältere Frau: »Was hat denn das kleine Paulchen?«*
*Der Mann antwortet: »Wieso er? Ich bin doch Paulchen!«*

In den körperbezogenen Psychotherapien werden vor allem körperliche Erfahrungen benutzt, um den Klienten in Kontakt mit seinen verborgenen Gefühlen und Empfindungen zu bringen und die »neurotisch« im Körper gebundene Lebenskraft wieder freizusetzen. »Mens sana in corpore sano«, meinten die alten Römer: Ein gesunder Geist steckt in einem gesunden Körper.

Eine besondere Beachtung soll zwei Verfahren zukommen, die sich bei älteren depressiven Menschen bewährt haben: die Bewegungstherapie und die pflegerische Körpertherapie.

## Bewegungstherapie

Gerade für ältere Menschen ist die Bewegung besonders bedeutsam. Resignation und Gleichgültigkeit gehen mit einer Aktivitätsminderung einher. Folgen der Depression mit ihrer Antriebsschwäche sind oft eine gebückte Haltung und eine gehemmte Motorik, der Blick ist auf den Boden fixiert, Arme und Beine sind schwer, manchmal wie gelähmt. Nicht zuletzt begünstigt Aktivitätsmangel die Osteoporose, die ihrerseits von Beschwerden wie Schmerzen und Bewegungseinschränkungen begleitet ist. All dem soll die Bewegungstherapie entgegenwirken.

Durch Verschleiß, Bewegungsarmut und die oben beschriebene Körperhaltung kommt es zu Veränderungen im Körper wie Muskelschwund, verminderte Elastizität von Muskeln, Sehnen und Bändern, Wirbelsäulenschäden und Haltungsanomalien. Der gesamte Bewegungsapparat verkümmert. Darüber hinaus werden durch Bewegungsmangel insbesondere Herzaktivität, Atmung, Kreislauf und Stoffwechsel eingeschränkt. Weitere Folgen sind Unsicherheit bei der Koordination von Bewegungsabläufen. Durch diese Unsicherheit in der Bewegung entsteht Verletzungs- und Sturzgefahr. Zusätzlich verlangsamt sich das Reaktionsvermögen im Alter.

Neue Studien haben gezeigt, dass es Wechselwirkungen zwischen depressiven Syndromen und Herz-Kreislauf-Erkrankungen gibt. Ursächlich hierfür scheint ein geändertes Gesundheitsverhalten zu sein. Wenn die Depression als chronische Stresserkrankung verstanden wird, so erklärt dies, dass das Risiko, an einer Herz-Kreislauf-Erkrankung zu leiden, erhöht ist. Dem kann durch Bewegungstherapie entgegengewirkt werden.

Aber nicht nur körperliche Beschwerden stellen sich durch die Bewegungsarmut ein, auch die seelischen Beschwerden wie Mutlosigkeit, Gleichgültigkeit, Resignation, Lebensunlust und andere depressive Symptome werden verstärkt. Ein fataler Kreislauf beginnt.

Die Bewegungstherapie wird von speziell dafür ausgebildeten Physiotherapeuten durchgeführt und verfolgt bei depressiven älteren Menschen unter anderem das Ziel, Bewegungserfahrung zu vermitteln, die auch Auswirkungen auf den Alltag haben. So kann der Klient Gefallen an rhythmischer Bewegung finden und er entschließt sich, zum Seniorentanz zu gehen, oder er wird insgesamt beweglicher und kann wieder Speziergänge machen.

Insgesamt werden folgende Ziele verfolgt:

- Generelle Aktivierung des Patienten
- Veränderung der Einstellung zum Körper durch bewusstes Erleben
- Verringerung der Ängste und Förderung der Auseinandersetzung mit der Umwelt

- Freude an körperlicher Aktivität entdecken
- Verbesserung der Alltagsmotorik und der Körperhaltung
- Verbesserung der Wahrnehmungs-, Konzentrations- und Koordinationsfähigkeit
- Verbesserung und Wiederherstellung der körperlichen Belastungsfähigkeit
- Stabilisierung des körperlich-seelischen Gleichgewichts
- Gelenkigkeit und Koordination
- Körperbewusstsein, Raumorientierung
- Aufmerksamkeit und Bewegungssicherheit
- Selbstsicherheit
- Vergrößerung des Bewegungsausmaßes durch Mobilisationsübungen
- Kräftigung der Muskulatur bezüglich Kraft und Ausdauer
- Besseres Zusammenwirken der einzelnen Muskeln durch Koordinationsbewegungen und Übung der Feinbewegungen

Besonders günstig ist es, die Bewegungstherapie in der Gruppe durchzuführen und dadurch gleichzeitig Kontakte zu pflegen und ein Erlebnis von Gemeinsamkeit zu bewirken. Es gilt den eigenen Körper neu kennen zu lernen, »Kontakt« aufzunehmen und zum Körper hinzuführen. Darüber hinaus ist es wichtig, die noch vorhandenen Möglichkeiten in Erfahrung zu bringen, den eigenen Körper bewusst wahrzunehmen.

Dazu gibt es verschiedene Möglichkeiten, Krankengymnastik etwa kann mit Rhythmik und Entspannung verbunden werden. Unterstützend kann mit Musik, Bällen, Stäben, Reifen, Bändern, Tüchern gearbeitet werden. Die aktive Bewegungstherapie umfasst ein sehr breites Spektrum, sie reicht von den einfachen Dehnungs- und Streckübungen bis hin zum Ausdauersport. Sie ist für jeden Menschen wichtig, ganz besonders aber für den depressiven älteren Menschen und seinen Betreuer, Pflegenden und sein gesamtes soziales Umfeld.

Zu den Körpertherapien zählen auch die Entspannungsverfahren wie autogenes Training und die progressive Muskelrelaxation. Den Verfahren ist gemeinsam, dass sie den Klienten in einen Zustand der Entspannung versetzen, in dem er aufnahmebereit ist für andere Wahrnehmungs- und Betrachtungsweisen (»Suggestionen«), die eine positive Veränderung seines Zustandes bewirken sollen.

Welches Verfahren angewendet wird, hängt letztlich vom Klienten ab und wie er sich auf ein Verfahren einlassen kann bzw. welches er gut einzuüben weiß. Gerade beim autogenen Training und bei der progressiven Muskelrelaxation kann der Patient nach einer Zeit der Einübung diese Verfahren allein anwenden und sich etwa täglich Übungszeiten einrichten, um zu entspannen.

**Autogenes Training:** Das autogene Training geht auf J.H. Schulz zurück. Es dient der Selbstentspannung. Die Aktion des Therapeuten beschränkt sich auf die Einübung der selbsthypnotischen Techniken, wobei möglichst wenig Abhängigkeit vom Therapeuten bestehen soll. Der Klient lernt, die einzelnen Körperbereiche gezielt zu entspannen, bis sich zuletzt der gesamte Körper in einem Zustand der Entspannung befindet.

Das Verfahren dient der allgemeinen Ruhigstellung. Es findet auch bei akuten und chronischen Schmerzen Anwendung. Durch die Entspannung gewinnt der Klient Abstand zu seinen aktuellen Problemen und kann sich ihnen anschließend wieder gelassener nähern. Klienten, die sich sehr unglücklich und depressiv fühlen, können durch die Entspannung zumindest für einige Zeit abschalten und sich von ihren Problemen distanzieren.

Das Besondere an diesem Verfahren ist, dass der Klient es immer und überall praktizieren kann. Gerade jene, die unter Schmerzen leiden, können es etwa zu Beginn eines Schmerzanfalls anwenden und dem Schmerz entgegenwirken.

**Progressive Muskelrelaxation (PME):** Auch bei diesem Verfahren ist der Klient selbst aktiv und erlernt das Verfahren mit Hilfe des Therapeuten. Vielen Menschen fällt es schwer, sich »auf Kommando« zu entspannen, daher geht die PME den Weg über die aktive Anspannung: In der ersten Phase spannt der Klient gezielt Muskelgruppen an, um in der zweiten Phase den Übergang von der Anspannung zur Entspannung zu vollziehen und zu spüren. Auch hier ist das Ziel eine Ausbreitung der Entspannung über den ganzen Körper und darüber hinaus eine psychische Entspannung, die auf Dauer zu mehr Gelassenheit führt.

## Pflegerische Körpertherapie

Es gibt verschiedene körperorientierte Pflegemaßnahmen, die bei depressiven älteren Personen die anderen Therapien sinnvoll begleiten können. Folgendes bietet sich an:

- Knöchelmassage zur Förderung des Einschlafens
- Rhythmische Einreibung zur Entspannung
- Stimulierendes Waschen zum Beruhigen oder Erfrischen
- Haut-, Haar- und Zahnpflege, um Sekundärerkrankungen vorzubeugen und zur Förderung des Lebensgefühls (etwa Kopfhautmassage)
- Gezielte Maßnahmen aus der Kneipptherapie
- Bäder
- Atemgymnastik
- Einreibungen
- Massage

Pflegerische Maßnahmen können gleichzeitig für Gespräche genutzt werden. Sie sind gezielt auf die individuellen Bedürfnisse abstimmbar und ergänzen das übrige Therapiekonzept. Sie steigern das Körpergefühl und dienen dem Wohlbefinden. Sie können nicht nur von professionell Pflegenden angewendet werden, sondern ohne großen Aufwand auch von Angehörigen. Im Zweifel sollte der Hausarzt zuvor befragt werden. So verbieten sich etwa ausgedehnte heiße Wannenbäder für schwer herzkranke Patienten.

## Sozial- und Kreativtherapien

*Opa Meier geht zum ersten Mal in die Oper. Die Karten haben*
*ihm die Kinder zur Pensionierung geschenkt. Beim Eintreten*
*fragt die Platzanweiserin: »Wollen Sie ein Textbuch?« –*
*»Nein, danke«, erwidert er freundlich,*
*»ich glaube nicht, dass ich mitsinge.«*

Neben der oben beschriebenen speziellen Form der Gruppentherapie können weitere Konzepte speziell für ältere depressive Personen
mit großem Erfolg angewendet werden. Dazu gehören Milieutherapie, Tiertherapie oder die so genannte Spaziertherapie.

### Milieutherapie

Eine Studie aus Finnland belegt (PAKKALA 1991, S. 17 ff.), dass soziale Bedingungen im Zusammenhang mit depressiven Erkrankungen
im Alter als Auslöser gehäuft zu beobachten sind (siehe auch Kapitel
zu Ursachen und Bedingungen).

Als Umweltfaktoren, die eine Depression fördern, wurden herausgefunden:
- geringe Anzahl von Hobbys,
- geringe Teilnahme an sozialen Aktivitäten,
- Alleinsein,
- Schwierigkeiten in Beziehungen mit Familienmitgliedern,
  Freunden, Bekannten,
- Tod oder schwere Krankheit von Familienmitgliedern, Freunden, Bekannten.

Um ein klares Konzept hinsichtlich milieutherapeutischer Behand-
lungsstrategien für die Behandlung alter Menschen erstellen zu können, ist es notwendig, die sozialen Folgen der Depression, besonders für soziale Beziehungen, zu klären. Was die Bezugsperso-

nen von Depressiven anbelangt besteht die Gefahr, dass durch unbewusstes Fehlverhalten die Depression noch verstärkt wird.

Folgende Reaktionen auf depressives Verhalten sind gehäuft zu beobachten:

o entmündigende Schonhaltung,
o ärgerliche Ungeduld,
o aufmunternder Trost,
o Rückzug.

**Entmündigende Schonhaltung:** Der Gesunde neigt dazu, die Depression nicht ernst zu nehmen, indem er die Probleme beschönigt oder gar nicht auf sie eingeht. Einerseits kann es sein, dass dem Gesunden manches zu nahe geht oder er die Probleme als nicht bedeutsam genug erachtet. So werden die Bereiche Suizidalität und Sexualstörungen häufig tabuisiert (siehe die Kapitel dazu). Andererseits verstärkt der Gesunde unter Umständen die Apathie des Depressiven durch übermäßige Passivierung. Da wird etwa der Urlaub gestrichen oder die knapp bemessenen Aufgaben werden abgenommen, weil der Depressive zu langsam ist und zu viel stöhnt bei den Arbeiten, die er allein regeln kann. Eine solche Haltung lähmt die sinngebenden, antidepressiven Aktivitäten und verstärkt die Depression.

**Ärgerliche Ungeduld:** Wer gewohnt ist, aktiv und entscheidungsfreudig sein Leben zu gestalten, steht in der Gefahr, durch die Langsamkeit und Passivität des Depressiven und vor allem durch seine eventuelle trübe Klagsamkeit, ärgerlich und ungeduldig zu werden. Daraus folgt die Tendenz, an den Willen des Depressiven zu appellieren, sich zusammenzureißen. Dabei leidet der depressive Mensch selbst genug unter seiner Passivität und seinen Hemmungen und merkt, dass die inneren Hindernisse größer sind als sein Wille. Die häufigen Aufforderungen zu Entscheidungen, die Ratschläge und Lösungsangebote müssen demzufolge wirkungslos bleiben und verstärken die depressive Enttäuschung und Verstimmung.

Mit anderen Worten: Ratschläge sind auch Schläge.

**Aufmunternder Trost:** Die depressive Freudlosigkeit und Unfähigkeit zu lustvollem Erleben verleitet immer wieder, auf die schönen Seiten des Lebens hinzuweisen. Dies verstärkt die Traurigkeit jedoch nur, weil depressive Personen wegen ihrer Verstimmung das Schöne gar nicht mehr als positiv empfinden können. Auch Hinweise auf nicht objektivierbare Fortschritte im Krankheitsverlauf verstärken häufig das Gefühl der Hoffnungslosigkeit. Ebenso bewirken lebensgeschichtliche Deutungen und Kritik am Verhalten von Angehörigen bei der Interpretation von Beziehungsschwierigkeiten die Gefühle von Einsamkeit und Isolation.

**Rückzugstendenzen:** Die Hemmung und der Interessenverlust, auch als »Versteinerung« der Depressiven bezeichnet, dämpfen die Erwartungen der Bezugspersonen immer wieder und führen zu Zurückhaltung und Rückzug. Da die Verzweiflung und Hilflosigkeit (sie drückt einen Schrei nach Liebe aus) meist mit der gegenteiligen Botschaft, »du kannst mir sowieso nicht helfen«, verbunden sind, wird das zunächst ausgelöste Mitgefühl immer wieder verunsichert und es entstehen Spannungen. Solche Spannungen lösen beim Gesunden Lähmungsgefühle aus und fördern seine Tendenz, sich zurückzuziehen.

### Fördernde Vehaltensweisen

Im Gegensatz zu den aufgezählten Verhaltensweisen gibt es eine Reihe von Verhaltensmöglichkeiten, die der Depression entgegenwirken und die gesunden Anteile des Klienten fördern und fordern. Hier eine kurze Übersicht über diese »antidepressiven« Verhaltensweisen:

- Klare, verlässliche Haltung
- Führung durch den Depressiven akzeptieren, er ist tonangebend
- Entlastung von schwerwiegenden Entscheidungen
- Entlastung von überfordernden Aufgaben
- Einfache Fragen stellen, Zeit lassen, Antwort abwarten
- Depression erklären (inklusive Suizidgedanken, Hoffnungslosigkeit, Körperbeschwerden)

- Realistische Ziele vor Augen führen
- Schrittweise Aktivierung mittels angepasster konkreter Aufgaben
- Geordnete Zielstrukturen, strukturierte Tagesabläufe
- Hilfe mit Medikamenten

Ein weiteres milieutherapeutisches Hilfsmittel sind Tages- und Wochenpläne. Da der depressive Mensch sich schwer zu einer Aktivität aufraffen kann, kann es hilfreich sein, mit ihm zusammen einen Zeitplan für Aktivitäten zu erstellen. Es geht darum, einen Rhythmus in den Tag und die Wochen zu bekommen, der verhindert, dass der Betroffene nur passiv vor sich hin lebt. Die Antriebsarmut ist eines der wesentlichen Symptome der Depression, hier gilt es, dem Klienten zu Erlebnissen und neuen Eindrücken zu verhelfen, ohne ihn zu überfordern. Er soll natürlich an der Planung beteiligt werden, weil seine Vorlieben und Hobbys Eingang finden sollen.

Hier werden Vorschläge für den depressiven älteren Menschen gemacht, der daheim versorgt werden kann oder sich in der gewohnten Umgebung befindet. Lebt er in einem Heim oder einem Krankenhaus, liegen häufig Pläne bereits vor.

Denkbare Punkte im Tagesplan sind:

- Mahlzeiten
- Medikamenteneinnahme
- Körperpflege
- Hobby
- Spaziertherapie
- Besuche empfangen
- Ruhepausen
- Tiertherapie
- Sport oder Bewegungstherapie
- Gartenarbeiten
- Zeitunglesen

Die Liste sollte ergänzt werden abhängig von den Bedürfnissen des depressiven älteren Menschen, seinen Hobbys und Vorlieben.

Wichtig ist frühes Aufstehen und spätes Zu-Bett-Gehen, da der ältere Mensch nicht mehr so viel Schlaf benötigt wie der junge. So empfiehlt sich das Aufstehen um 7 Uhr und das Zu-Bett-Gehen um 22 oder 23 Uhr. Zu vermeiden sind aufregende Filme und Fernsehsendungen am Abend, da sie die Nachtruhe stören können. Nach der Körperpflege und dem Ankleiden gibt es um ca. 7.45 Uhr das Frühstück, das sich der Patient abhängig von der Schwere der Depression selbst zubereiten kann oder nach Vorbereitung durch Helfer am Abend einnehmen kann. Anschließend kann die Zeit zum Zeitunglesen oder Radiohören genutzt werden. Um 9 Uhr kann er sich seinem Hobby oder dem Garten widmen, abhängig von der Neigung. Um 11 Uhr erfolgen Vorbereitungen für das Mittagessen, das um 12 Uhr eingenommen wird. Anschließend von 13 bis 14.30 Uhr Mittagsruhe oder Lesen oder Radiohören, wenn kein Schlaf möglich ist. Spaziertherapie von 15–16 Uhr oder länger abhängig von der Kondition. Anschließend Zwischenmahlzeit mit Obst oder Gebäck. Ab 17 Uhr bis zum Abendessen Tiertherapie oder Besuche empfangen oder Einkäufe erledigen. Um 18.30 Uhr Abendessen. Anschließend Zeit für das Hobby bis zum Zu-Bett-Gehen mit vorausgehender Körperpflege.

Es ist wichtig darauf zu achten, dass Sonntage und Feiertage unterschieden werden. Es sind Festtage und sollten deshalb auch ein besonderes Programm bieten.

Am Sonntag kann ein Gang in die Kirche oder am Samstag Synagoge auf dem Programm stehen. Vielleicht ist es möglich, Besuch zu empfangen, jemanden einzuladen oder ein Konzert zu besuchen. Manchmal finden auch Kirchen- oder Gemeindefeste statt, diese kann der depressive Ältere auch besuchen; solche Termine können im Vorhinein Eingang in den Terminkalender oder den Wochenkalender finden und so die Wochenenden strukturieren. Auch können Familienfeste oder Geburtstage, Seniorentreffen, Vereinstermine, an denen der Depressive teilnimmt, in den Kalender aufgenommen werden. So kann er sich schon länger vorher darauf freuen. Auf diese Weise wechseln sich Zeiten der Feste und des Alltags ab.

## Familienkonferenz

Da die sozialen Umweltfaktoren einen hohen Stellenwert bei der Auslösung und für den Verlauf der Depression haben, kommt dem sozialen Umfeld eine große Bedeutung zu. Die depressiven Symptome können beim gesunden Mitmenschen Verhaltensmuster auslösen, die die Depression zusätzlich verstärken. Deshalb sollten die Mitmenschen über solche Zusammenhänge aufgeklärt sein, um unnötige Verstärkungen zu vermeiden.

Da selbst bei allein stehenden Betagten die Familie im weiteren Sinne der wichtigste Teil des sozialen Netzes ist, müssen die Offenlegung der Beziehungsmuster und die therapeutischen Eingriffe hier erfolgen, um erfolgreich zu wirken. Bei alten Menschen ohne Verwandtschaft gibt es häufig Wahlverwandtschaften oder Nachbarn, Bekannte, Freunde, die entscheidend für die sozialen Bezüge sind. Sie sind die Ersatz- oder die Wahlfamilie und für sie gilt das Nachfolgende in ähnlicher Weise.

Ein solcher therapeutischer Eingriff verfolgt verschiedene Ziele:
- Die gefährlichen Mechanismen, die die Depression verstärken, sollen durch neue Verhaltensmuster ersetzt werden.
- Der soziale Rückhalt soll verbessert werden.

Ein Ausgleich für belastende Lebensereignisse soll gesucht werden. Um solche Ideen umsetzen zu können, ist eine Familienzusammenkunft (Familienkonferenz) hilfreich. Eine Familienkonferenz kann vom Sozialdienst, einem Pflegenden oder einem Familienangehörigen einberufen werden. Befindet sich der Patient in der Klinik, so kann der Impuls auch von Seiten des dortigen Sozialdienstes oder vom betreuenden Arzt ausgehen. Es geht nicht um eine längerfristige Betreuung oder Therapie, sondern um eine einmalige Zusammenkunft zur Information und Klärung von Rahmenbedingungen. Der Depressive ist bei der Familienkonferenz anwesend.

Inhalte von Familienkonferenzen können sein:

● Information über die Depression, ihre Entstehung und die sie verstärkenden Verhaltensmuster;

● das immer bestehende Selbsthilfepotenzial im depressiven Menschen, das die Familie als Gruppe wecken soll und kann;

● Organisation einer geordneten Zeitstruktur, inklusive regelmäßiger Mahlzeiten und regelmäßiger Medikamenteneinnahme;

● Besuchsplan;

● Spaziertherapieplan;

● Entlastung des Depressiven von überfordernden Entscheidungen und Aufgaben;

● schrittweise Aktivierung durch Übertragung von angemessenen Aufgaben;

● Aufstellung realistischer Ziele und Hinweise auf bereits erzielte Fortschritte im Krankheitsverlauf.

Von großem Vorteil für depressive älteren Menschen sind folgende Instrumente der Milieutherapie:

● Gedächtnistraining, soweit verfügbar oder realisierbar

● Sport oder Bewegungstherapie,

● Spaziertherapie,

● Haustier-Therapie.

Die meisten der hier angeführten Therapien wurden in diesem Buch bereits beschrieben.

**Spaziertherapie**

Die »Spaziertherapie« ist eine aus der Schweiz stammende Therapieform. Spazieren gehen ist jedoch nicht nur dort sehr beliebt, es knüpft an Familienspaziergänge in der Jugend und an Spazieren mit geliebten Menschen an; es verbindet Sonntagsvergnügen mit körperlicher Betätigung. Besonders geeignet ist diese Tätigkeit für Betagte, weil sie sich dem Schweregrad der Depression und der allgemeinen Fitness des Kranken gut anpassen lässt und auch Steigerungen des Schwere- und Anstrengungsgrades möglich sind.

Im Extremfall können Spaziergänge auch im Rollstuhl oder mit dem Gehwagen durchgeführt werden. Schwerst Depressive können auch in engem Körperkontakt (im Ellbogen eingehängt) geführt werden. Spazieren als Therapieform bedarf eines »Mit-Spaziergängers« als »Co-Therapeuten«. Dies lässt sich bei der Familienkonferenz absprechen.

Möglichkeiten, »Mitspazierer« zu finden, gibt es viele:

- passive oder weiter entfernt wohnende Angehörige oder Bezugspersonen können hierzu aktiviert und begeistert werden,
- Kinder können einbezogen werden,
- Kontakte in der Kirchengemeinde (Helferkreise) können hilfreich sein,
- Nachbarschaftshilfe-Organisationen können »Mit-Spaziergänger« vermitteln,
- oft finden sich andere Kranke, die mitspazieren können.

Wichtig ist, dass die Spaziergänge täglich erfolgen, unabhängig von der Wetterlage und Stimmungslage der depressiven Person. Bei schlechtem Wetter kann die Gehdistanz angepasst werden. Spaziergänge sollen einen zentralen Bestandteil im Tagesrhythmus bilden. Hilfreich ist die Erstellung eines Wochenplans, auf dem Spazierzeiten und Begleiter festgehalten sind, damit es nicht bei guten Vorsätzen bleibt.

Da depressive Menschen morgens oft sehr schlapp sind und über ein Morgentief klagen, empfiehlt sich der Spaziergang am Nachmittag. Darüber hinaus fördert körperliche Betätigung am Nachmittag die physiologische abendliche Müdigkeit und fördert damit den natürlichen gesunden Nachtschlaf. Spaziergänge im Freien setzen den Körper meist einer Lichtintensität von mehr als 10000 Lux aus, was der Intensität einer künstlichen Lichttherapie entspricht. Wenn auch eine geringe Lichtexposition nur bei saisonalen Depressionen die Hauptursache der Entstehung darstellt, so wirkt Licht doch generell antidepressiv. Ein weiterer Begleiteffekt kann sein, dass beim Spaziergang »eingekehrt« wird, was eine zusätzliche soziale Einbindung darstellt. Dazu ließe sich der Depressive ohne Begleitperson schlecht motivieren, somit kann ein »Wiederunter-die-Leute-Gehen« in Gang kommen.

### Haustiere

Die »Haustiertherapie« wurde schon an anderer Stelle angesprochen. Hier sollen nochmals die wichtigsten Vorteile beschrieben werden. Haustiere helfen auf verschiedene Weisen.

Menschen mit einer äußerst schweren Depression sprechen oft kaum noch, sie sprechen aber oft auf Kontakt mit Tieren an. Besonders geeignet ist ein Hund, insbesondere wenn Betagte früher schon mal selbst einen Hund hatten. Für solche ältere Depressive ist es deshalb von besonderem Vorteil, wenn ein- oder zweimal pro Woche ein Besucher mit einem Hund kommt und sie wenigstens kurzzeitig aus ihrer tiefen Depression herausreißt.

Eine ähnliche Funktion können Katzen übernehmen. Katzen lassen sich allerdings weniger gut steuern und dürften nur selten dazu zu bewegen sein, Kontakt mit einer apathischen depressiven Person aufzunehmen. In Heimen können allerdings »Abteilungskatzen« solche Aufgaben übernehmen oder es können Tiere geradezu eingearbeitet werden.

Auch ein zahmes Zwergkaninchen, das stundenlang auf dem Schoß von Patienten sitzen bleiben kann und dessen weiches Fell zum Streicheln einlädt, kann durch den Körperkontakt anregende Wirkungen entfalten. In gleicher Weise kann ein Meerschweinchen wirken. Für die Aufnahme eines neuen Haustiers in den Haushalt der depressiven Person ist zu bedenken, dass es eine große Aufgabe ist, die ein depressiver alter Mensch oft nicht allein bewältigen kann. Die Verantwortung für die Versorgung des Tieres muss also von anderen Familienmitgliedern mitgetragen werden. Wenn sich ein Betroffener allerdings von einer depressiven Phase erholt hat, kann ein Haustier bei der Rückfallprävention helfen.

Ein Tier kann dazu beitragen, die Isolation zu durchbrechen. Es lässt Liebe erleben und vermittelt Lebenssinn. Auch die Pflege des Tieres gibt dem Alltag Sinn und Struktur: Man muss sich aufraffen und aus dem Bett kommen, weil da ein Tier ist, das auf sein Futter und seinen Spaziergang oder andere Aufmerksamkeit wartet. Außerdem erleichtern vor allem Hunde die soziale Begegnung mit Mitmenschen auf Spaziergängen. Größere Hunde vermitteln zusätzlich Schutz und Sicherheit. Die Anschaffung eines Tieres muss natürlich wohl überlegt werden, entsprechende Bücher sind hilfreich und oft auch unterhaltend. Möglich ist es auch, ein älteres Tier aus dem Tierheim aufzunehmen, die Mitarbeiter der Tierheime sind gerne bereit, Fragen zur Tierhaltung zu beantworten.

Vieles spricht für die Anschaffung eines Haustieres:
- Beendigung der Isolation,
- Erleben von Liebe und Anhänglichkeit,
- Sicherheit und Schutz,
- Lebenssinn,
- Aufgabe, Pflege,
- Spazierengehen, Ausgang,
- soziale Kontakte und Begegnungen.

## Kreative und aktivierende Therapien

### Bewegung und Ernährung

Bisher sind die beiden Aspekte Bewegung und Ernährung für alte Menschen wenig beachtet worden. Neue Studien (SCHMID u. a. 2002, S. 135) haben jedoch gezeigt, dass sich Ernährungsfaktoren und die Bewegung sowie deren wechselseitiger Einfluss sich auf den Gesundheitszustand im Alter auswirken. Dabei haben sich folgende Ergebnisse gezeigt: Mangelnde körperliche Aktivität und hoher Medikamentenverbrauch sind mit mäßigem oder schlechtem Appetit verbunden. Bei Kau- und Schluckbeschwerden wird der Verzehr von Obst und Gemüse vermieden. Ein schlechter Ernährungszustand und mangelnde körperliche Aktivität können mit erhöhter Sturzgefahr einhergehen.

Diese Ergebnisse zeigen, dass sich gerade Patienten mit Depressionen gesund ernähren sollten, um nicht weitere Schädigungen davonzutragen oder um die Bewältigung der Depression auch auf diese Weise zu unterstützen. Eine gesunde, ausgewogene Ernährung und angemessene körperliche Aktivität tragen zur Überwindung einer Depression bei, zumal es durch das Laufen oder die Gymnastik zu einer Ausschüttung von Endorphinen kommt, das sind Stoffe im Gehirn, die die Stimmung heben. Richtige Ernährung allein vertreibt sicher keine Depression, zweifellos hilft sie aber Rückfällen vorzubeugen. Zucker und Kohlenhydrate steigern die Tryptophanaufnahme im Gehirn, was wiederum den Serotoninspiegel hebt. Da das in Getreide und Schalentieren vorkommende Vitamin $B_6$ für die Serotoninsynthese eine Rolle spielt, kann sein Mangel Depressionen begünstigen. Daher wirkt der Verzehr von Getreide und Schalentieren vorbeugend.

So oder so trägt eine ausgewogene, wohlschmeckende Ernährung zu guter Stimmung bei.

Auch die Dopaminsynthese im Gehirn läuft über die B-Vitamine. Vitamin $B_{12}$ ist besonders in Fisch und Milchprodukten enthalten. Folsäure ist in Kalbsleber und in Gemüse enthalten. Magnesium findet sich in Kabeljau, Makrelen und in der Weizenkleie.

Depressive Menschen haben meist niedrige Werte bei Zink, Chrom und Vitamin $B_3$. Zink findet sich in Austern, Endiviensalat, Spargel, Truthahn und Radieschen. Vitamin $B_3$ ist in Eiern, Bierhefe und Geflügel enthalten.

Eine Beobachtung von Fachleuten legt nahe, dass Menschen im Mittelmeerraum weniger Depressionen haben, was auf das Fischöl zurückgeführt wird, das sie reichlich zu sich nehmen. Fischöl enthält viel B-Vitamine, hebt den Pegel an Omega-3-Fettsäuren. Bei diesen Omega-3-Fettsäuren ist die stimmungsaufhellende Wirkung am besten nachgewiesen (siehe das Kapitel zur medikamentösen Behandlung).

## Physikalische Therapie

Bei der physikalischen Therapie kommen die Behandlungsmethoden in Form von Wärme, Kälte, Licht, mechanischen Kräften und Elektrizität zur Anwendung. Besonders unter stationären Bedingungen lassen sich solche Therapien gut anwenden, sie können aber auch ambulant durchgeführt werden. Hier geht es – neben der Behandlung von körperlichen Schmerzen – auch darum, Körperempfindung und Körpergefühl wiederzubeleben, zu stärken und wachzurufen. Durch ein besseres Körpergefühl kann das Selbstwertgefühl positiv beeinflusst werden. Dies wird erreicht über eine allgemeine Aktivierung, Entspannung und eine Verbesserung des körperlich-seelischen Gleichgewichts. Solche Anwendungen können vom Arzt bei entsprechenden Beschwerden verordnet werden. Folgende Anwendungen kommen zum Einsatz (HIRSCH 1992, S. 175 f.):

● Massage,

● Elektrotherapie,

● Hydrotherapie wie Wickel, Packungen, Bäder mit verschiedenen Kräuterzusätzen, Güsse, Sauna, Unterwasserbehandlungen (die Wasseranwendungen können mit kaltem, eiskaltem oder warmem Wasser erfolgen),

● Wärmetherapie wie Rotlicht, Heißluft, Mikrowellen,

● Lichttherapie.

Einer ausführlicheren Erklärung bedarf die Massage, da es hier unterschiedliche Behandlungsmethoden gibt:

● Ausstreichungen: Venen- und Lymphstromanregung;

● Knetungen: Durchblutungs- und Erregungsförderung und Verkürzung der Ermüdungsphase der Muskulatur;

● Vibrationen: Lockerung von Muskeln sowie von Schleim in den Atemwegen;

- Schüttelungen zur Lockerung bestimmter Gliedmaßen und zur Entspannung;
- Reflexzonenmassagen oder Bindegewebsmassage: Verbesserung der verschiedenen Bindegewebsschichten;
- Muskelzonenmassage: Anregung der Durchblutung.

Die Massage kann auch mit – meist sehr angenehm riechenden – ätherischen Ölen erfolgen, die in die Haut einmassiert werden und zur zusätzlichen Durchblutungsförderung und zur Verbesserung des Wohlbefindens führen.

## Musiktherapie

Die Musiktherapie ist nahezu so alt wie die Menschheit, schon das Alte Testament beschreibt, dass David durch sein Harfenspiel Saul immer wieder von der Melancholie erlöste.

Durch künstlerische Therapie wie die Musiktherapie wird die Heilkunde ganz erheblich in ihrer Wirkung auf den einzelnen Menschen und auch auf die Gesellschaft vertieft. Die Tiefenwirkung künstlerischer Therapie lässt sich etwa daran erkennen, dass in der Intensivstation komatöse Patienten durch Musiktherapeuten behandelt werden: Das Koma ist dadurch verkürzt; teure Medikamente werden gespart; es entsteht eine therapeutische Beziehung, in der sich der Patient getragen fühlt (GUSTORFF / HANNICH 2000).

Wie sieht Musiktherapie praktisch aus? Therapeut und Patient, oder auch eine Gruppe von Patienten, treffen sich über einen gewissen Zeitraum regelmäßig in einem bestimmten Raum, der mit verschiedenen Instrumenten ausgestattet ist, mit denen frei improvisiert werden kann. Es stehen viele Instrumente zur Verfügung, die zum Berühren und Entdecken einladen. Das können sein: Schellenkranz, Glockenspiel, Xylophon, Gitarre, Cello, Geige, Pfeifen, Klavier, Trommeln, Zimbeln. Auf ihnen können melodische oder rhythmische Klänge leicht und »unorthodox« erzeugt werden. Für den Patienten ist wichtig, dass er keine besonderen musikalischen Voraussetzungen mitbringen muss. Wichtig ist die Bereitschaft, den eigenen Spielimpulsen nachzugehen, neugierig auf das zu sein, was klingt, und auf die eigenen Einfälle.

Jeder Patient wird zwar im Verlauf der Behandlung mehrere Instrumente in die Hand bekommen, doch das Ziel ist nicht, sie spielen zu lernen. Wenn sich das nebenbei ergibt, ist das ein zusätzlicher Gewinn. Es geht darum, Lockerung, Entspannung, Zuhörenkönnen am und mit dem Instrument zu erleben. Das, was der Patient mit Worten nicht ausdrücken kann, kann sich im »Gespräch« mit dem Instrument ausdrücken. Deshalb lautet auch die Grundregel: »Wir spielen, was uns einfällt; lassen uns von dem in uns bestimmen, was nach Ausdruck drängt, auch wenn es uns unsinnig oder absurd erscheint.« (LANGENBERG 1997, S. 402)

Der Patient bringt sich bei der Musiktherapie mit seinen psychischen Aktivitäten ein und hat vor allem im Anschluss an die Therapie das Gefühl, für den Heilungsprozess und -erfolg auch selbst verantwortlich zu sein. Wichtig zu wissen ist, dass Schwerhörigkeit oder Taubheit kein Ausschlusskriterium für die Anwendung der Musiktherapie sind. Die Musik wird dann als einfache Form rhythmischer Vibrationen verwendet. Der Patient nimmt dann die Musik nicht durch die Gehörnerven wahr, sondern durch seine Haut und Knochen. Dadurch lernt der Patient die Vibrationen und die rhythmischen Muster wahrzunehmen und im Gedächtnis zu behalten. Er lernt, diese Schwingungen nicht nur in der Sprache und in der Körperbewegung, sondern sogar beim Tanzen zu gebrauchen. Diese Methode fördert die Gesundheit des Körpers und der Seele. Ein Musikerlebnis erfasst den ganzen Menschen – Körper, Seele und Geist.

Neben der Musiktherapie, die einer speziellen Ausbildung und eines definierten Rahmens bedarf, kann selbstverständlich jeder mit seinem depressiven älteren Menschen, den er betreut, Musik hören oder musizieren, es können alle Teilnehmer daran Freude haben und davon profitieren. Es gibt Musik für alle Stimmungslagen und

Lebenssituationen. Musik ist immer eine gute Möglichkeit, Stimmungen zu unterstreichen, sich nicht allein zu fühlen und gemeinschaftliche Erlebnisse zu haben. Gemeinsam zu singen ist etwas, das lange im Leben möglich ist.

## Kunst- und Gestaltungstherapie

Hierbei handelt es sich um Psychotherapie mit gestalterischen Mitteln. Ziel ist es, »dem Patienten bei der Wiedergestaltung seiner gestörten oder zerstörten Persönlichkeit beizustehen, indem schöpferische Impulse im Patienten verstärkt werden« (BONSTEDT-WILKE/ RÜGER 1997, S. 390). Die gestalterische Tätigkeit soll den Zugang zu den Emotionen und Gefühlen ebnen und erleichtern. Durch die Gestaltung des Entstehungsprozesses, durch Form und Struktur zeigt der Patient seine psychische Innenwelt, die er vielleicht anders nicht zum Ausdruck bringen kann.

Wichtig bei gestalterischen Tätigkeiten ist der spielerische Zugang, da es um Kreativität geht und nicht um eine therapeutische Pflichtübung. Auch der Rahmen, in dem die Stunden stattfinden, ist bedeutsam: Es wird Material bearbeitet, man braucht Platz. Geräusche und Schmutz dürfen nicht zu störend sein. Anregung und Schutz vor Überforderung ebenso wie Rücksicht auf Ängste und Widerstände sind vom Therapeuten zu beachten.

Auch hier stellen die Gestaltungen Symbole oder Bilder dar, die mit Hilfe des Therapeuten bearbeitet und besprochen werden können. Die sprachliche Nachbereitung ermöglicht es dem Patienten das Dargestellte neu zu verinnerlichen und neue Verbindungen herzustellen. Indem das Dargestellte besprochen wird, gelangt der Patient zu neuen Einsichten und kann viele Situationen, in die er geraten ist, emotional besser nachvollziehen und verstehen. Patienten, die sehr visuell orientiert sind, können mit diesem Verfahren besonders viel anfangen und schätzen den Austausch über die Bilder.

Die Kunst- und Gestaltungstherapie bildet in erster Linie Teil ei-

nes stationären oder ambulanten Gesamttherapieplans und wird
von speziell dafür ausgebildeten Therapeuten angewendet.

Selbstverständlich können auch Pflegende oder Angehörige
zum Malen und Gestalten anregen. Viele Menschen haben in der
Schule Malen gelernt und Freude am künstlerischen Gestalten. Sie
können Spaß daran haben und ihre Stimmungen und Gefühle damit ausdrücken.

### Beschäftigungstherapie

Die Beschäftigungstherapie deckt verborgene Interessen des Patienten auf und hilft ohne Leistungsdruck herauszufinden, was ihm
Freude bereitet und womit er sich eine Zeit lang oder regelmäßig befassen kann. Der Patient trainiert bei dieser Betätigung motorische
und sensorische Fähigkeiten. Dadurch wird die depressive Körperhaltung aufgelockert. Es werden Konzentrationsfähigkeit und
Merkfähigkeit gefördert.

Bei diesem Verfahren geht es darum, das Vergnügen oder die
Freude zu fördern, etwas zu erstellen oder zu bearbeiten. Darüber
hinaus soll die Ausdauer über einen Spannungsbogen bei der Erstellung gefördert werden.

Es geht dieser Therapie in erster Linie darum, den Menschen mit
der Erstellung eines »Produktes« zu beschäftigen, nicht darum, seine
Probleme und Konflikte darzustellen und zu bearbeiten. Ein Ziel ist
es, die Konzentration nach »außen« zu richten, was verhindert, dass
die Gedanken nur um die eigene Befindlichkeit kreisen. Es kommt
zur Auseinandersetzung mit sich und gegebenenfalls mit der Gruppe. Ein weiterer Effekt ist es, einen persönlichen Standpunkt zu finden und zu stärken, um neue Handlungsmöglichkeiten zu erarbeiten, die zur Grundlage des alltäglichen Lebens beitragen (MEYER-
DIESSEN 1989, S. 224)

## Kombination der Therapien

*Eine Oma im Beichtstuhl:* »*Herr Pfarrer, ich habe einen
jungen Mann verführt.*« *Der Geistliche verdutzt:*
»*Ach was, ich glaube Ihnen ja fast alles, aber das nun
wirklich nicht.*« »*Naja, es ist zwar schon über 60 Jahre her,
aber ich beichte es immer wieder gern.*«

Es stellt sich immer wieder die Frage, ob *ein* Therapieverfahren ausreicht oder ob mehrere Ansätze kombiniert werden sollen. Die vorhergehende Darstellung hat bereits gezeigt, dass die unterschiedlichen Konzepte auf sehr verschiedene Aspekte eines Menschen und seines Lebens abzielen. Damit ist deutlich, dass es immer eher um eine Zusammenstellung verschiedener Maßnahmen und Therapien geht. Auch bei der Überlegung zu medizinischen und psychologischen Therapien sind die Fachleute heutzutage einig, dass es um ein Zusammenspiel beider Ansätze gehen muss.

Die Frage nach Medikamenten stellt sich immer dann, wenn sich der Patient in einer schweren Depression befindet. Aber auch bei leichteren Verläufen kann ein Medikament für den Einstieg der Behandlung günstig sein. Gerade bei Rückfällen sollte ein Medikament verabreicht werden.

Die Frage nach Medikamenten sollte immer der Arzt entscheide. Deshalb ist das gute Arzt-Patient-Verhältnis so wichtig. Der Patient muss sich auf seinen Arzt verlassen können und ihm trauen.

Meistens genügen Medikamente allein nicht aus. Der Patient muss auch wieder lernen, aus seiner Erstarrung und seinem »Loch«, in dem er sich befindet, herauszukommen. Deshalb ist es unbedingt notwendig, den Körper und die Seele mit einzubeziehen. Wichtig ist es, ein auf den jeweiligen Patienten abgestimmtes Programm zu erarbeiten.

Das übergeordnete Ziel muss immer sein, den Patienten zu aktivieren, ihn auf andere Gedanken zu bringen und ihn aus seiner gewohnten Beziehungsstruktur herauszuholen. Sein Selbstwertgefühl zu steigern und die Lebensqualität zu erhöhen ist wichtig, damit er wieder neue Erfahrungen sammelt, andere Menschen kennen lernt und seine Selbstständigkeit erhöht wird. Dadurch gewinnt er auch Selbstvertrauen und neue Freiheiten.

Aus diesen Gründen ist es wichtig, eine kombinierte Therapie zu erarbeiten. Darüber hinaus sollte auch geprüft werden, ob nicht Gruppenveranstaltungen in Betracht kommen, die den Patienten auf andere Gedanken bringen, ihn ablenken und erfreuen.

Ein Beispiel erklärt das genannte Vorgehen der kombinierten Therapie und zeigt ihre Wirksamkeit:

Eine Frau, 70 Jahre alt, verwitwet, leidet seit dem einige Jahre zurückliegenden Tod ihres Mannes unter Schlafstörungen und körperlichen Beschwerden, ohne dass sich eine körperliche Ursache finden ließ. Sie klagt über Mut-, Antriebslosigkeit und Vereinsamung. Sie lebt allein. Mit ihren Kindern ist sie zerstritten. Eine lebenswerte Zukunft kann sie sich nicht vorstellen. Am liebsten möchte sie sterben.

Als sie einen Suizidversuch unternimmt, wird sie in einer Klinik aufgenommen. Zunächst wehrt sie sich gegen jedes Angebot und ist sehr auf Medikamente fixiert. Das ändert sich aber im Laufe des Aufenthaltes.

Zunächst bekommt die Patientin ein Schlafmittel und ein Antidepressivum. Nach einigen Tagen wird sie angeregt, an der Beschäftigungstherapie und zweimal wöchentlich an der Gruppenpsychotherapie teilzunehmen. Da sie über Verspannungen im Schulter-Nacken-Bereich klagt, wird gleichzeitig eine Physiotherapie begonnen. Nachdem die Patientin einige Tage gut geschlafen hat, fühlt sie sich wohler und ist bereit, sich an den Gruppenaktivitäten der Station zu beteiligen.

Erst nachdem sich ihr Zustand stabilisiert hat, wird die Schlafmedikation nach und nach reduziert. Jetzt wird ein auf autogenem Training basierendes Schlaftraining eingeleitet, die antidepressiven Medikamente können allmählich abgesetzt werden, nachdem sich ihr Zustand stabilisiert hat.

Durch die Gruppenaktivitäten bekommt die Patientin zunehmend Lust, sich mit anderen zu unterhalten. Die Beschäftigungstherapie vermittelt ihr Selbstbewusstsein, Vertrauen in ihre Fähigkeiten und Freude an kreativer Betätigung. Nach deutlicher Verbesserung des Gesamtzustandes können schließlich die Angehörigen in die Behandlung einbezogen werden. Möglichkeiten, Außenaktivitäten aufzunehmen, werden gefördert. Die Patientin kann mit einer neuen Lebensperspektive entlassen werden. (HIRSCH 1992, S. 139)

An diesem Beispiel sieht man gut, wie die Behandlungen zum Wohle der Patientin und ihrer Umgebung kombiniert werden können.

### Angehörige und Helfer

Da Depressionen häufig mit körperlichen Beschwerden einhergehen, ist für viele Menschen der Hausarzt der erste Ansprechpartner. Scheuen Sie sich nicht, den Betroffenen zum Arzt zu begleiten und das Problem direkt anzusprechen. Fragen Sie, ob es sich um eine Depression handelt. Nur durch die Diagnosestellung kann die passende Therapie begonnen werden. Auch der Patient muss wissen, an welcher Erkrankung er leidet.

Es sollte auch bei der ärztlichen Betreuung nicht die Versorgung mit einem Medikament das vorrangige Ziel sein, sondern das Gespräch. Damit der Kontakt gelingt, muss der Arzt offen sein und die Bereitschaft haben, dem Patienten tatsächlich interessiert, geduldig und einfühlsam zuzuhören. Angehörige und soziales Umfeld sollten bei der Behandlung eines Depressiven unbedingt mitwirken und einbezogen werden.

Des Weiteren ist es wichtig herauszufinden, ob eine Psychotherapie in Frage kommt. Nach den probatorischen psychotherapeutischen Sitzungen (in der Regel sind es fünf) kann geklärt werden, ob eine Psychotherapie möglich und sinnvoll ist (siehe das Kapitel zur Psychotherapie).

Bei schweren depressiven Störungen und Suizidalität ist die Kombination von Psychopharmaka und Psychotherapie wirkungsvoller als eine Methode allein. Durch Einbeziehung psychiatrischer Pflege und Mitbetreuung durch den Sozialarbeiter kann leichter gewährleistet werden, dass depressive und suizidale Störungen schneller abklingen und es leichter möglich ist, dem psychisch Erkrankten den Verbleib in seiner vertrauten Wohnung zu ermöglichen oder zu sichern.

Es sollte seitens des Arztes nach Einsamkeit, Todesängsten und Suizidgedanken gefragt werden. Manchmal braucht der Arzt auch einen Hinweis von Seiten der Angehörigen, dass solche Fragen bedeutsam sein könnten, besonders da diesen als Nahestehenden solche Fragen schwer fallen können.

Es kann durchaus vorkommen, dass der Patient beim Arztbesuch seine Beschwerden herunterspielt oder dass er sich munter gibt, sodass sich für den Arzt keine sichere Symptomatik darstellt. Spätestens jetzt ist die Umgebung gefragt, die nochmals Hinweise gibt.

Darüber hinaus ist es gerade für alte Menschen wichtig, verlässliche mitmenschliche Beziehungen zu haben, sie können durchaus in einem professionellen Helfer bestehen.

Ziel aller Maßnahmen ist es immer, Offenheit, Selbstvertrauen, Selbstständigkeit und Reifungsschritte zu fördern.

**MERKE** Scheuen Sie sich nicht, beim Arzt immer wieder nachzufragen oder Vorschläge zu unterbreiten. Es hängt auch von Ihnen ab, dass Ihr Angehöriger richtig behandelt und der passende Therapieplan erstellt wird.

## Alternativen zur
## häuslichen Versorgung

*»Sagen Sie mal, Frau Maier, warum tragen Sie in Ihrer*
*Handtasche ein Ersatzgebiss mit?«»Wissen Sie,*
*das gehört meinem Mann. Wenn ich es nicht mitnehme,*
*fällt er über den Sonntagsbraten her.«*

Alternativen zur häuslichen Versorgung können verschieden ausse-
hen, zumal es sich um eine vorübergehende stationäre Versorgung
handeln kann oder um eine Versorgung außerhalb der Wohnung zu
bestimmten Zeiten, um einen Umzug in eine stationäre Einrichtung
oder um Hilfeangebote, die die Versorgung daheim erleichtern.

### Wenn der Patient ins Krankenhaus muss

Es ist manchmal unumgänglich, einen Kranken zumindest vorübergehend im Krankenhaus unterzubringen.

Ein solcher Schritt bedarf der sorgfältigen Vorbereitung. Es muss
auch die Möglichkeit in Betracht gezogen werden, dass der Kranke
ab einem bestimmten Stadium nicht mehr zu Hause versorgt werden kann. Sinnvoll ist es, mit dem Kranken darüber zu sprechen
und mit ihm gemeinsam zu planen. Abrupte Einweisungen ins
Krankenhaus sind zu vermeiden.

Dringend zu empfehlen ist, ehrlich zu sich selbst und zu dem
Kranken zu sein. Versprechen, die nicht zu halten oder offensichtlich unrealistisch sind, sollten vermieden werden. Auch sollte man
sich nicht zu Äußerungen hinreißen lassen wie: »Du kommst nicht
in ein Heim oder in ein Krankenhaus.« Es ist nie vorhersehbar, was
passiert. Es könnte eine Situation eintreten, in der der Kranke zu
Hause einfach nicht mehr zu versorgen ist. Eine Depression ist natürlich keine Erkrankung, die notwendigerweise in die Pflegebedürf-

tigkeit oder in ein Altersheim führt. Aber eine stationäre Behandlung kann eine Zwischenzeit lang notwendig sein. Eine solche Phase kann sowohl vom Depressiven als auch vom Pflegenden genutzt werden. Beide können sich unabhängig voneinander erholen und neue Kraft schöpfen, sie können neue Eindrücke sammeln. Jeder kann für sich zur Ruhe kommen und zu sich selbst finden.

Natürlich fällt es Angehörigen schwer, solche Aussagen gänzlich zu vermeiden, vor allem dann, wenn der Kranke darum bittet, auch weiterhin daheim gepflegt zu werden. Dem Kranken kann stattdessen versichert werden, dass er dennoch nicht im Stich gelassen wird, dass die Pflege jedoch vorläufig nicht mehr zu Hause zu bewältigen ist. Es ist wichtig, auf die Sorge zu reagieren, die zum Ausdruck kommt, ohne irgendwelche Behauptungen für die Zukunft aufzustellen, von denen nicht klar ist, ob sie einzulösen und zu halten sind. Auf diese Weise werden die Qual und die Schuld vermieden, die empfunden werden könnten, wenn die Zeit kommt, zu der die Versprechen nicht mehr einlösbar sind.

Man sollte immer möglichst offen mit dem Kranken sprechen. Es kann sein, dass er nach dem Krankenhausaufenthalt wieder zurück nach Hause kommt, es kann aber ebenso sein, dass die Pflege daheim nicht mehr zu leisten ist, insbesondere wenn die Angehörigen selbst auch nicht mehr zu den Jüngsten gehören. Der Kranke hat vielleicht andere schwer zu pflegende Erkrankungen und durch die noch hinzugekommene Depression wird der tägliche Umgang noch schwerer. So kann es durchaus sein, dass er vom Krankenhaus direkt in ein Heim muss. Auch darüber sollte offen gesprochen werden.

Der kranke Mensch muss sich geistig und seelisch auf all das einstellen können, vielleicht muss er zuvor Dinge ordnen und regeln und braucht dabei Hilfe, weil er es allein nicht schafft oder nicht mehr regeln kann. Die Entscheidung, einen Kranken ins Heim zu verlegen, ist sicher eine der schwierigsten Entscheidungen, die pflegende Angehörige zu treffen haben.

Eventuell fühlen sich diejenigen, die die Entscheidung getroffen haben, schuldig, dass sie ihn nicht weiter zu Hause pflegen konnten. Sie haben das Gefühl, den Kranken im Stich gelassen zu haben. Sie sollten sich aber immer vor Augen halten, dass nach Abwägung aller Möglichkeiten im Interesse *aller* Beteiligten gehandelt werden muss.

Auch wenn jemand sich nur schwer an den Gedanken gewöhnen kann, ist zu bedenken: Der Kranke wird rund um die Uhr professionell versorgt. Er kann täglich besucht werden und vielleicht stellt sich nach einiger Zeit sogar heraus, dass sich die Beziehung zueinander verbessert. Alle Beteiligten stehen nicht mehr unter einer solch großen Belastung, der Stress nimmt ab.

Es kann auch schwierig sein zuzusehen, wie der Kranke von Fremden versorgt wird, Angehörige fühlen sich vielleicht ausgeschlossen. Vielleicht ist es sogar möglich, regelmäßig an der Pflege aktiv teilzunehmen. Es könnten regelmäßige Besuchszeiten eingerichtet werden, sodass man etwa immer zum Essen zu Besuch kommt und einzelne Aufgaben übernimmt oder gemeinsam die Mahlzeiten einnimmt oder Teile der Freizeit miteinander gestaltet werden. Dadurch wird nicht zuletzt dem Personal geholfen und der Angehörige ist weiter an der Versorgung des Kranken beteiligt.

**Die Suche nach einem Wohnheim**

Die Entscheidung, einen Kranken in ein Heim zu geben, fällt jedem schwer, deshalb wird diese Möglichkeit oft so lange wie möglich hinausgeschoben. Das kann sogar so lange gehen, bis sie plötzlich und schnell erfolgen muss. In dem Fall besteht dann nicht mehr die Möglichkeit, sich mit den verschiedenen Formen und Heimen vertraut zu machen.

Sammeln Sie also so früh wie möglich Informationen über die verschiedenen Wohnheime, über die Modalitäten (Wartezeiten u. a.), zur Finanzierung und ziehen Sie weitere Erkundigungen ein. Fragen Sie Ihren Arzt, erkundigen Sie sich bei der Gemeinde, der

Sozialstation und der Krankenkasse. Auch können Sie Verbindung zu den entsprechenden Stellen wie Krankenkasse, Sozialamt, Versicherungsträger aufnehmen, falls Sie finanzielle Unterstützung brauchen.

Gut ist es, verschiedene Einrichtungen aufzusuchen, um sich selbst ein Bild von ihnen zu verschaffen. Bei der Gelegenheit können Angehörige feststellen, wie die Einrichtung geführt wird, und sie bekommen einen Eindruck von der Haltung des Personals. Anschließend kann entschieden werden, welche Einrichtung am besten geeignet erscheint. Hilfreich ist es, eine Liste von Punkten anzufertigen, die wichtig sind, um die Entscheidung treffen zu können. Es ist denkbar, einen ganzen Tag dort zu verbringen, um den Ablauf und alles, was wichtig ist, kennen zu lernen. Es sollte eine Liste mit Fragen zusammengetragen werden, mit deren Hilfe die einzelnen Heime verglichen werden können.

Fragen auf dieser Liste können sein:

- Wer ist der Träger?
- Wer ist der Heimleiter?
- Wie ist das Heim aufgeteilt?
- Gibt es einen reinen Wohnbereich?
- Gibt es einen Pflegebereich?
- Wie sieht die Heimordnung aus?
- Welche Aktivitäten werden angeboten?
- Wie viele Heimbewohner gibt es?
- Wie viele Pflegekräfte?
- Wo liegt das Heim (Wald, Stadt)?
- Wie ist die Krankenhausanbindung?
- Ist es mit öffentlichen Verkehrsmitteln zu erreichen?
- Wie weit ist es zu Fuß ins Café, ins Theater?
- Welche Veranstaltungen gibt es?
- Wie sind die Zimmer ausgestattet?
- Wie ist der Blick aus dem Fenster?

- Haben die Zimmer Balkons?
- Dürfen Möbel mitgebracht werden?
- Dürfen Haustiere mitgebracht werden?
- Wird es konfessionell geführt?
- Was passiert im Krankheitsfall?
- Wie ist die Atmosphäre?
- Wie wirken die Heimbewohner, die Leitung, die Pflegekräfte auf mich?
- Wie reagieren sie auf den Besuch?

Diese Liste kann ergänzt werden, je nachdem, welche Bedürfnisse individuell im Vordergrund stehen. Eine solche Kontrollliste kann bei den Heimbesuchen mitgenommen werden, um nichts Wichtiges zu vergessen.

Wägen Sie genau ab und vergleichen Sie, wenn Sie alle Informationen beisammen haben. Bedenken Sie immer: Der Kranke soll sich wohl fühlen und das Wohnheim soll seinen Bedürfnissen entsprechen.

Besprechen Sie die Angelegenheit mit dem Betroffenen, zeigen Sie ihm die verschiedenen Möglichkeiten, die in Betracht kommen, und beziehen Sie ihn in die Entscheidung mit ein. Wenn möglich, besuchen Sie das Heim oder die Institution vorher gemeinsam.

**Vorbereitungen**

Kommen zu der Depression weitere starke Beeinträchtigungen hinzu, sind zusätzliche Vorbereitungen zu treffen. Der Kranke sollte auf den Umzug vorbereitet werden. Auch wenn nicht klar ist, wie er reagieren wird oder ob er alles versteht, sollte versucht werden zu erklären, was geschieht und er sollte beteiligt werden. Es ist nicht ratsam, ihn einfach von einem Tag auf den anderen in ein Heim zu verlegen.

Er sollte an der Auswahl der Dinge, die er mitnehmen wird, beteiligt werden, und, wenn möglich, selbst etwas einpacken. Wenn der Kranke schon vor der Übersiedlung eine Tagesstätte besucht hat, wird er sich leichter tun. Es sollte dafür gesorgt werden, dass er das

Heim schon vorher einmal sieht. Er kann sich zudem besser eingewöhnen, wenn er nach der Übersiedlung ins Heim regelmäßig besucht wird. Dadurch wird verhindert, dass er sich abgeschoben fühlt. Er wird sich dann auch nicht im Stich gelassen fühlen und Angehörige selbst merken auch, dass das nicht der Fall ist.

Ist es nicht möglich, das Heim gemeinsam zu besuchen, sollten dem Kranken Fotos, Prospekte, Informationsmaterial gezeigt werden – fotografieren Sie ggf. selbst.

Es gibt verschiedene Arten von Wohnheimen, die in Betracht kommen, abhängig vom Pflegebedarf, den der Patient hat:

o Alten- und Pflegeheime
o Gerontopsychiatrische Wohngruppen
o Gerontopsychiatrische Krankenhausabteilungen

**Alten- und Pflegeheime:** Mehrgliedrige Heime bieten ein abgestuftes Angebot von Wohnbereichen sowie offenen und geschlossenen Pflegebereichen an. Damit kann jeder Bewohner in der dem jeweiligen Pflegebedarf angepassten Abteilung untergebracht werden oder wechseln.

Fällt die Entscheidung für ein solches Heim, kann der ältere Mensch zunächst im Altenheim wohnen und wird dort versorgt. Bedarf er der Pflege oder ändert sich der Pflegeaufwand, dann kann (zeitlich befristet) ergänzt werden oder die Person kann in das Pflegeheim übersiedeln.

**Gerontopsychiatrische Wohngruppe:** Manche Pflegeheime bieten für verwirrte oder psychisch Kranke, auch depressive Menschen, gerontopsychiatrische Wohngruppen an. Die Bewohner werden in kleinen Gruppen gepflegt und betreut. Ganz im Vordergrund steht die Strukturierung des Tages mit an der Biografie des Bewohners orientierten Beschäftigungsmöglichkeiten.

Es wird dort versucht, ein möglichst hohes Maß an Normalität in den Alltag zu bringen. Die Bewohner können sich an hauswirtschaftlichen Arbeiten beteiligen, etwa Kochen, Tischdecken, Blu-

mengießen. Die Wohngruppen verfügen oft über eine bessere perso-
nelle Ausstattung als Pflegeheime und halten ein multiprofessionel-
les Team bereit. Hier werden die Kompetenzen gefördert, gefordert
und erhalten.

**Gerontopsychiatrisches Krankenhaus:** Verschlechtert sich das
Krankheitsbild akut, kann ein Patient in einer solchen Institution
untergebracht werden. Die Patienten können dort so lange bleiben,
bis die Untersuchungen und die Behandlung abgeschlossen sind.
Danach kann entschieden werden, ob der Patient nach Hause kann,
ob er in einem Heim leben muss oder ob es eine Möglichkeit mit
ambulanter Versorgung gibt.

**MERKE** Wichtig ist immer die individuelle, auf den Menschen
zugeschnittene Lösung und Entscheidung. Sie muss dem Erkrankten und auch seinem Umfeld zum Besten dienen und die
Bedürfnisse aller berücksichtigen.

## Vorbeugung – Schlussbemerkungen

Da hinlänglich bekannt ist, dass ein großer Teil der Bevölkerung an Depressionen leidet und speziell die älteren Menschen davon nicht verschont bleiben, stellt sich die Frage, weshalb nicht häufiger präventive Maßnahmen ergriffen werden.

Das mag vielleicht daran liegen, dass ein großer Teil der Erkrankungen nicht als solche erkannt werden, d. h. die Diagnose nicht gestellt wird. Es liegt aber auch daran, dass psychische Erkrankungen nach wie vor mit einem gewissen Makel behaftet sind, den keiner gerne trägt.

Ein weiterer Grund ist der, dass nicht zuverlässig bekannt ist, wie es zu einer Depression kommt, in welchem Entstehungszusammenhang sie sich entwickelt und welche Orientierungen des Handelns vorhanden sind.

Heutzutage werden allgemein die Aktivierung und die sozialen Kontakte als Prävention propagiert, auch wenn das nicht in jedem Einzelfall zutrifft. Insgesamt ist sicher wichtig, dass die Präventionsmaßnahme in Beziehung zu der Welt steht, in der der alte Mensch lebt. Das psycho-physische Wohlbefinden zu stabilisieren oder zu fördern ist notwendig, ebenso wie Lebensfreude, Interesse, Neugier am Geschehen zu wecken und zu festigen.

Positive Veränderungsfähigkeit und Lernfähigkeit bestehen bis ins hohe Alter. Diese gilt es zu aktivieren und zu motivieren, damit Verhaltensweisen entwickelt werden, die zur Erhaltung von Selbstständigkeit, Leistungsfähigkeit und Gesundheit beitragen. Auch der depressive alte Mensch ist motivierbar. Durch die Schaffung einer lebenswerten Perspektive werden die Selbstheilungskräfte und der Wunsch, aus der Depression herauszukommen, gefördert.

Nach CAPLAN (1964) lässt sich die Prävention in drei Formen unterteilen: in primäre, sekundäre und tertiäre, das bedeutet: Vorbeugen, Früherkennen sowie Vermeiden und Verhindern der Folgen des Wiederauftretens.

**Vorbeugung** Der Depression wird durch unspezifische Gesundheitsförderung vorgebeugt, durch Psychohygiene und durch spezifische Gesundheitsvorsorge. Unspezifische Gesundheitsförderung beinhaltet zum Beispiel lebenslange körperliche Aktivität und Sport, altersentsprechende Ernährung u. a. Für manchen ist dies Golfspielen, für andere die Tätigkeit in seinem Schrebergarten.

Psychohygiene beinhaltet beispielsweise ausgewogene geistig-seelische Betätigung, eventuell autogenes Training. Für manche ältere Menschen kann dies das Lösen von Kreuzworträtseln sein, für andere die Teilnahme im Schachclub oder an französischer Konversation.

Die spezifische Gesundheitsvorsorge kann den Besuch von Bildungsstätten und -veranstaltungen, Gymnastik, Kurse zur Vorbereitung auf das Altwerden beinhalten.

**Früherkennung** Hierzu gehören alle Bemühungen und Maßnahmen, mit denen ein Depressiver möglichst früh erkannt und einer Behandlung zugeführt werden kann, um die Krankheitsdauer zu verkürzen, Rückfälle zu verhindern und weiteren Schaden für den Kranken und seine Umgebung zu verringern. Dazu zählen zum Beispiel häufiges Klagen über körperliche Beschwerden, die nicht objektivierbar sind, Schlafstörungen, Verlust- und Trennungserleben, vermehrter sozialer Rückzug, Klagen über Einsamkeit und negative Zukunftsorientierung.

**Vermeidung oder Verminderung von Folgen** Solche Maßnahmen sind Einhaltung der Medikation über die Symptomfreiheit hinaus, Hilfen bei Seh- und Hörschwäche, Gehhilfen zur Erhaltung der Mobilität, Konfliktreduktion im häuslichen Umfeld. Weiterhin sollen die nicht gestörten Fähigkeiten und Fertigkeiten zu einer möglichst weitgehenden Lebenszufriedenheit und zur Zukunftsorientierung gefördert werden.

Alle die Maßnahmen, die das psycho-physische Wohlbefinden und sein seelisches Gleichgewicht fördern, helfen das (neuerliche) Auftreten einer Depression zu verhindern.

Immer sind die Maßnahmen auf den speziellen älteren Menschen zuzuschneiden und mit ihm abzustimmen. Wichtig ist seine Motivation und die eigene Entscheidung. Es geht nicht darum, ihm etwas aufzubürden, sondern ihn davon zu überzeugen.

Bei diesen Überlegungen ist zu berücksichtigen, dass das subjektive Wohlbefinden eines alten Menschen nicht unbedingt mit den »objektiven« Kriterien übereinstimmen muss. So kann zum Beispiel die hübsche neue Parterrewohnung mit Terrasse dem älteren Menschen keine Freude bereiten, weil er dafür aus der Dachwohnung mit kleinem Balkon und Ofenheizung ausziehen muss, in der er Jahrzehnte seines Lebens mit dem verstorbenen Partner zugebracht hat und sich diese Erinnerungen mit der ehemals gemeinsamen Wohnung erhalten will.

Es gibt diverse allgemeine oder unspezifische Maßnahmen, die der Prävention, Krankheitsvorsorge und Erhaltung der Körperfunktionen dienen.

Folgender Maßnahmenkatalog dient der Anregung:

- regelmäßige Allgemeinuntersuchungen beim Hausarzt hinsichtlich Herz-, Kreislauffunktion, Blutdruck und Schilddrüsenfunktion;
- regelmäßige Überprüfung der Impfungen wie Tetanusschutz und Grippevorsorge-Impfung;
- regelmäßige Kontrolluntersuchungen beim Zahnarzt;
- mindestens jährliche Krebsvorsorge sowohl für Männer als auch für Frauen;
- regelmäßige Kontrolle der Seh- und Hörfähigkeit und entsprechender Hilfen (Prothesen und Brillen), insbesondere bei Autofahrern und Verkehrsteilnehmern;
- ausreichende Flüssigkeitszufuhr;

- altersentsprechende, ballaststoffreiche Kost;
- auf regelmäßige Verdauung achten;
- Hilfen bei Inkontinenz, zum Beispiel durch behindertengerechte Toilette, Kontinenztraining, entsprechende Vorlage, Katheter, Cystofix; dadurch werden Hautausschläge vermieden, wird Infekten im Harntrakt vorgebeugt und der Mensch kann ungestört soziale Kontakte pflegen und ausgehen;
- Vorbeugung von Stürzen, so etwa Vorsicht bei der Einnahme von Beruhigungsmitteln oder Medikamenten, die die Sehkraft verändern (passendes Schuhwerk, Gehschule, barriereregerechte Wohnung, Gehwagen);
- Risikofaktoren beeinflussen wie Rauchen, Alkoholgenuss, Medikamentenmissbrauch, regelmäßige Kontrolle der Medikamente auf Notwendigkeit;
- Förderung möglichst selbstständiger Alltagsfähigkeiten und -fertigkeiten wie selbstständige Zubereitung von Mahlzeiten oder zumindest Fertiggerichten;
- körperliche Aktivität und Sport, dies dient der Förderung der Koordination, Flexibilität, Schnelligkeit, Kraft, Ausdauer – zu wählen sind Sportarten, die einen hohen Trainingseffekt auf das Herz-Kreislauf-System haben und dabei den Stützapparat nicht übermäßig beanspruchen, etwa Laufen, Radfahren, Schwimmen, Skilanglauf, Rudern, Gymnastik und Gemeinschaftsspiele wie Kegeln oder Minigolf;
- ausreichende Existenzgrundlage durch entsprechendes Einkommen nach dem Ausscheiden aus dem Arbeitsleben, damit ein aktives, gleichberechtigtes, unabhängiges und selbstständiges Leben geführt werden kann;
- Informationen über Wohngeld, Sozialhilfe, Erlass von Telefon-, Rundfunk-, Fernsehgebühren, Heizkostenzuschuss, Kleidergeld;
- Aufklärung über die Pflegeversicherung und Krankenversicherung, um unnötigen Ängsten vorzubeugen;

- Information über Altenberatungsstellen und Altenzentren;
- Besuch von Gesundheitsinformationsveranstaltungen, Aufklärung über Krankheiten im Alter;
- Anregung zum Besuch von erbaulichen Veranstaltungen wie Theater, Film, Gemeindezentren und Seniorentreffpunkten; aber auch Anregung zum Lesen von Büchern zur Förderung der Lebensfreude und der Kreativität.

Altenberatung dient der umfassenden Information älterer Menschen und deren Angehöriger über Schwierigkeiten und Probleme beim Älterwerden und Altsein. Als besonders günstig hat sich eine themenzentrierte, zeitlich begrenzte Gruppenarbeit mit Themen wie Generationskonflikt, Abhängigwerden, Gebrechlichkeit oder Sterben herausgestellt. Altenbildung wird zunehmend auch als Prävention verstanden. Lernprozesse, die von konkreten und lebenspraktischen Situationen ausgehen, sollen gefördert und aktiviert werden. Solche Möglichkeiten werden an Hochschulen, Seniorenakademien, Bildungseinrichtungen und Volkshochschulen angeboten.

Autogenes Training als Entspannungstraining und Förderung des seelischen Gleichgewichts hat sich gerade bei alten Menschen als sehr hilfreich herausgestellt. Neben einer Förderung der vegetativen Funktionen, der Durchblutung, einer Verringerung von Verspannungen sowie der Schmerzreduktion wird ein günstigerer Umgang mit Stress auslösenden Situationen erreicht. Darüber hinaus werden kreative Fähigkeiten und persönliche Kompetenzen gefördert.

Ausgearbeitete Übungsanleitungen gibt es für das »Gehirnjogging«, also für die kognitive Leistungsfähigkeit, die einzeln oder in Gruppen durchgeführt werden können. Vorrangig wird trainiert, Informationen rasch, sicher und bewusst in das Gedächtnis aufzunehmen und zu speichern sowie Wissen und Kenntnisse über den Alltag zu vermehren.

Frühzeitig gilt es, sich mit Freizeitbeschäftigungen zu befassen und seine Freizeit richtig zu genießen, sie sinnvoll für sich zu nutzen. Sicherlich setzt dies lebenslanges Lernen voraus. Im Alter kommt erschwerend hinzu, dass die Möglichkeiten, den Umgang mit der Freizeit zu lernen, eingeschränkt sind. Das hängt mit den nachlassenden körperlichen Möglichkeiten und der mangelnden Mobilität zusammen. Wer nie den Umgang mit Freizeit gelernt hat, wird sich auch im Alter damit schwer tun.

Viele Freizeitaktivitäten sind mit sozialen Kontakten verbunden oder stellen solche her. Entscheidend sind dabei weniger das objektive Interesse und die Motivation des Einzelnen, diese Aktivitäten für sich zu nutzen, sondern die Möglichkeit herauszukommen und andere Menschen zu treffen.

Es gibt vielfältige Angebote für alte Menschen; um nur einige zu nennen:

- gesellige Veranstaltungen,
- Seniorentanztee,
- Bildungs- und Hobbyangebote,
- Altenwerkstätten mit Hobbyangeboten,
- Altenerholung, -urlaub, -reisen.

Das Ziel von Veranstaltungen wie Seniorentanz, Altenbildung oder Altenfreizeiten ist es, alten Menschen Kontakte zu ermöglichen bzw. zu erweitern. Darüber hinaus sollen Beschäftigungs- und Aktivierungsmöglichkeiten geboten werden, dazu gehört insbesondere, einer Ghettoisierung alter Menschen keinen Vorschub zu leisten bzw. einer Ausgrenzung und Separierung entgegenzuwirken.

Einen besonders positiven Effekt zur Förderung der sozialen Kompetenz haben Haustiere. Sie vermitteln ein Heimatgefühl, eine Zugehörigkeit sowie das Gefühl, gebraucht zu werden und verantwortlich zu sein. Außerdem erleichtern sie die Kommunikation und tragen zur Förderung der Beweglichkeit bei, abhängig davon, um was für ein Tier es sich handelt. Ein Haustier erleichtert Kontakte zu Mitmenschen, steigert das Selbsterleben und wirkt als lebendiges Instrument im Sinne eines Realitäts- und Orientierungstrainings.

Unterstützend ist die Pflege von Pflanzen. Durch eine gleichmäßige Betreuung und Versorgung von Pflanzen wachsen und gedeihen diese nicht nur, was einem Erfolgserlebnis gleichkommt, auch die Jahreszeiten können direkt miterlebt werden. Außerdem verschönern Pflanzen schlicht den Wohnraum.

Es hat sich herausgestellt, dass es einige Bedingungen dafür gibt, dass alte Menschen an Depressionen erkranken. Nach Kielholz sind das folgende Punkte (KIELHOLZ/ADAMS 1986): Abnahme der geistigen und körperlichen Leistungsfähigkeit, Krankheitsangst, Zukunftsangst, Vereinsamung, Verluste mitmenschlicher Beziehungen, Selbstisolierung, Inaktivität durch Pensionierung, Rückzug aus dem Erwerbsleben, Umzug in eine kleinere Wohnung, Eintritt in ein Alters- und Pflegeheim.

Nun könnten all diese Faktoren traurig stimmen und zu der Einstellung führen, es sei »alles zu spät«. Aber gerade das ist nicht der Fall. Es geht darum, sich an die Gegebenheiten anzupassen und das Beste daraus zu machen, frei nach dem Sprichwort: Wenn dir jemand eine Zitrone reicht, dann mach Zitronenlimonade daraus.

Dies will sagen, man solle sich mit den verringerten Möglichkeiten, die das Alter durch körperliche und eventuell geistige Gebrechen mit sich bringt, anfreunden und die vorhandene Lebensqualität genießen.

Bei den genannten Punkten, die natürlich im Alter besonders gehäuft auftreten können, besteht selbstverständlich für »vorbelastete« Menschen die Gefahr, dass sie wieder einmal eine depressive Krise ereilt. Aber: Wenn einer einmal in ein Loch (die Depression) gefallen ist, ist das Loch, in das er beim nächsten Mal fällt, sicher nicht mehr so tief und er weiß schon besser Bescheid, wie er wieder herauskommen kann. Er hat schon einmal die Erfahrung gemacht, dass ihm Medikamente helfen und dass sein eigener Einsatz gefragt ist, beispielsweise durch die Teilnahme an Gruppenangeboten oder Sport.

Überhaupt sollten nach einer erfolgreich abgeschlossenen Therapie die Aktivitäten nicht einfach ad acta gelegt, sondern über die Gesundung hinaus beibehalten werden, denn: Vorsicht ist besser als Nachsicht.

Neue Kontakte sollten gepflegt und Aktivitäten beibehalten werden. Neue Hobbys sollten verfolgt und verfeinert werden. Eingeübtes autogenes Training etwa sollte weiterhin praktiziert werden, denn: Wer rastet, der rostet.

Es gilt immer zu bedenken: Ist jemand einmal in die Depressionsfalle getappt, kann er wieder hineingeraten, aber das heißt noch lange nicht, dass er darin stecken bleiben muss.

Da er auch die Vorboten kennt, kann er sich wesentlich früher professionelle Hilfe suchen oder selbst gegensteuern. Es besteht also kein Grund zur Verzweiflung oder zur Dramatisierung. Die Verfahren, die schon einmal geholfen haben, können wieder angewandt werden, und es besteht berechtigte Hoffnung, dass sie wieder greifen.

D. h.: Wer einmal aus der Falle gekommen ist, schafft es auch ein zweites Mal. Dann hat der Betroffene sogar schon mehr Übung.

Eine meiner Patientinnen, 63 Jahre alt, die schon mehrmals an Depressionen erkrankt war, bevor sie zu mir in die Therapie kam, sagte mir einmal, sie wisse, sie müsse sich selbst helfen, Medikamente brauche sie keine. Sie wisse jetzt auch, was ihr helfe und worauf sie achten müsse. Sie schloss die Therapie mit Höhen und Tiefen erfolgreich ab und ist jetzt lange Zeit rückfallfrei.

Zuletzt muss ebenfalls klargestellt werden, dass nicht jeder, der einmal an einer Depression erkrankt ist, wieder an einer erkranken muss – es ist eben nur möglich.

# Adressen

**Bundesarbeitsgemeinschaft für Alten- und Angehörigenberatungsstellen (BAGA)**, Reinickendorfer Straße 61, 13347 Berlin, www.baga.de.

**Deutsche Gesellschaft für Psychoanalyse, Psychotherapie, Psychosomatik und Tiefenpsychologie e.V. (DGPT)**, Johannisbollwerk 20, 20459 Hamburg, www.dgpt.de.

**Deutsche Psychoanalytische Gesellschaft e.V. gegründet 1910 (DPV)**, Arnimallee 11, 14195 Berlin, www.dpg.psa.de.

**Deutscher Caritasverband**, Karlstraße 40, 79104 Freiburg, www.caritas.de.

**Deutscher Paritätischer Wohlfahrtsverband**, Heinrich-Hoffmann-Straße 3, 60528 Frankfurt, www.paritaet.org

**Diakonisches Werk der Evangelischen Kirche in Deutschland e.V.**, Stafflenbergstraße 76, 70010 Stuttgart, www.diakonie.de.

**Nationale Kontakt- und Informationsstelle zur Anregung und Unterstützung von Selbsthilfegruppen e.V. (NAKOS)**, Wilmersdorfer Straße 39, 10627 Berlin, www.nakos.de.

**Psychotherapie-Informationsdienst (PID)**, Oberer Lindweg 2, 53129 Bonn, www.psychotherapiesuche.de.

**Telefonseelsorge Berlin – Konfliktberatung und Selbstmordverhütung e.V.**, Nansenstraße 27, 12047 Berlin, www.telefonseelsorge.de, freecall 0800/1110111.

**Zentralwohlfahrtsstelle der Juden in Deutschland e.V.**, Hauptgeschäftsstelle, Hebelstraße 6, 60318 Frankfurt, www.zwst.org.

# Literatur

Landeshauptstadt Stuttgart (Hg.) (2002): Alter und Sucht. Informationen für Betroffene und Multiplikatoren. Stuttgart.

ALVIN, J. (1983): Musiktherapie. Ihre Geschichte und ihre moderne Anwendung in der Heilbehandlung. München.

BARTMANN, U. (2001): Joggen und Laufen für die Psyche. Tübingen.

BOJACK, B. (2001): Gewaltprävention. Stuttgart u. a.

BONSTEDT-WILKE, J.; RÜGER, U. (1997): Kunst- und Gestaltungstherapie. In: HEIGL-EVERS, A.; HEIGL, F.; OTT, J.; RÜGER, U. (Hg.): Lehrbuch der Psychotherapie. Lübeck, S. 390–398.

CAPLAN, G. (1964): Principles of preventive psychiatry. New York.

DEUSCHLE, M.; LEDERBOGEN, F.; BORGGREFE, M.; LADWIG, K.-H. (2002): Erhöhtes cardiovaskuläres Risiko bei depressiven Patienten. In: *Deutsches Ärzteblatt*, Heft 49, S. 3332–3338.

EBEL, H.; BEICHERT, K. (2002): Depressive Störungen bei Patienten der Allgemeinmedizin. In: *Deutsches Ärzteblatt*, Heft 3, S. 124–130.

ERLEMEIER, N. (1992): Suizidalität im Alter. Bundesministerium f. Familie und Senioren. Stuttgart.

FOLKERTS, H. W. (1997): Einsatz der Elektrokrampftherapie bei älteren Patienten. In: RADEBOLD, H.; HIRSCH, R. D. u. a. (Hg.): Depressionen im Alter. Darmstadt.

FROHMÜLLER, U. (1992): Bewegungstherapie In der Gerontopsychiatrie. In: HIRSCH, R. D.; BRUDER, J.; RADEBOLD, H.; SCHNEIDER, H.K. (Hg.): Multimorbidität im Alter: Herausforderung für die Psychotherapie. Bern. S. 129–135.

GROND, E. (1993): Die Pflege und Begleitung depressiver alter Menschen. Hannover.

GUSTORFF, D.; HANNICH, H.-J. (2000): Jenseits des Wortes. Musiktherapie mit komatösen Patienten auf den Intensivstationen. Bern.

HAUTZINGER, M. (2000): Depression im Alter. Weinheim.

HEIGL-EVERS, A.; HEIGL, F.; OTT, J.; RÜGER, U. (1997): Lehrbuch der Psychotherapie. Lübeck.

HELL, D. (1993): Die Depression des alten Menschen. Heidelberg.

HELL, D. (1986): Stolpersteine im Umgang mit Depressiven. Neue Erkenntnisse der Interaktionsforschung. In: *Der informierte Arzt*, 7, S. 16–24.

HENSELER, G. (1980): Narzisstische Krise. Zur Psychodynamik des Selbstmords. Reinbek.

HEUFT, G. (1992) Depression, Suizidalität und Sterben. In: HIRSCH, R. D. (Hg.): Altern und Depressivität. Bern. S. 119–128.

HIRSCH, R. D. (1992 a): Prävention. In: HIRSCH, R. D. (Hg.): Altern und Depressivität. Bern, S. 195–209.

HIRSCH, R. D. (1992b): Aspekte zu einem mehrdimensionalen Behandlungskonzept. In: HIRSCH, R. D. (Hg.): Altern und Depressivität. Bern, S. 129–155.

HIRSCH, R. D. (1999): Psychotherapie kennt keine Altersgrenzen. In: *Neuropsychiatrische Nachrichten*, 5, S. 9–16.

DILLING, H.; MAMBAUR, W.; SCHMIDT, M. H. (Hg.) (1999): Internationale Klassifikation psychischer Störungen, ICD-10. Bern u. a.

JORM, A. F.; KORTEN, A. E.; HENDERSON, A. S. (1987): The prevalence of dementia: A quantitative integration of the literature. In: *Acta Psychiatr. Scand.*, 76., S. 465–479.

KÄMMER, K.; SCHRÖDER, B. (1997): Pflege von depressiv erkrankten älteren Menschen. In: RADEBOLD, H.; HIRSCH, R. D. u. a. (Hg.): Depressionen im Alter. Darmstadt, S. 181 ff.

KIELHOLZ, P. (1986): Prophylaxe der Altersdepression. In: KIELHOLZ, P.; ADAMS, C. (Hg.): Der alte Mensch als Patient. Köln, S. 167–176.

KRAUS, B. (2002): Wer über sich selbst lachen kann, ist unschlagbar. In: *Konradsblatt*, 31, S. 24f.

Kruse, A. (1992): Depression und Trauer. In: Hirsch, R. D. (Hg.): Altern und Depressivität. Bern, S. 83–99.

Langenberg, M. (1997): Musiktherapie. In: Heigl-Evers, A. u. a. (Hg.): Lehrbuch der Psychotherapie. S. 399–409.

McIntosch, J. L. (1988): Suicide: Training and education needs with an emphasis on the elderly. In: *Gerontology & Geriatrics Education*, 7, S. 125–139.

Mösler, T. A.; Welz, R.; Weidenhammer, W.; Demling, J. (1988): Suizidhandlungen des höheren Lebensalters von 1976 bis 1985. In: Böhme, K.; Lungershausen, E. (Hg.): Suizid und Depression im Alter. Regensburg, S. 42–54.

Meyer-Dierssen, B. (1989): Beschäftigungs- und Gestaltungstherapie. In: Bergener, M. (Hg.): Depressive Syndrome im Alter. Stuttgart, S. 222–238.

Michel, K.; Spuhler, T. (1988): Suizid in der Schweiz 1970-1968. In: *Schweiz. Ärztetag*, 69, S. 1732–1737.

Murphy, E. (1989): Depression im Alter. In: Kisker, K. P. u. a. (Hg.): Psychiatrie der Gegenwart, Band 8, Alterspsychiatrie. Berlin, S. 225–251.

Naumburg, M. (1966): Dynamically oriented Art Therapy: Its principles and practices. New York.

Pakkala, K.; Kivelä, S. L.; Laippulu, P. (1991): Social and environmental factors and major depression in old age. In: *Z. Gerontol.*, 24, S. 17–23.

Rahn, E.; Mahnkopf, A. (2000): Lehrbuch Psychiatrie. Bonn.

Ringel, E. (1969): Selbstmordverhütung. Bern.

Rohde-Dachser, C. (2001): Neurosen, Persönlichkeitsstörungen, Psychotherapie. In: Bauer, M.; Lamprecht, F.; Machleidt, W.; Rohde-Dachser, C.; Rose, H. K. (Hg.): Psychiatrie, Psychosomatik, Psychotherapie. Stuttgart.

Schmid, A.; Weiss, M.; Hesekern, H. (2002): Ernährung und Bewegung als zentrale Einflussfaktoren auf den Gesundheitszustand im Alter – Ergebnisse der Paderborner Seniorenstudie. In: *Euro.J.Ger.*, 4, 3, S.135–143.

SCHWABE, Ch. (1987): Regulative Musiktherapie. Leipzig.

SHULMAN, K. (1978): Suicide and parasuicide in old age: a review. In: *Age and Aging*, 7, S.201–209.

SPITZER, R.L. (1994): Utility of a new procedure for diagnosing mental disorders in primary care. The prime MD 1000 Study. In: *JAMA*, 272, S.1749–1756.

TANKLAGE, E. (2001): Gedächtnistraining für Seniorengruppen. Weinheim.

WÄCHTLER, C. (1997): Therapeutische Strategien bei Depression und Suizidalität im Alter – ein Überblick. In: RADEBOLD, H.; HIRSCH, R.D. u.a. (Hg.): Depressionen im Alter. Darmstadt, S.141–144.

WÄCHTLER, C. (1989): Abschätzung des Suizidrisikos. Unveröffentlichtes Manuskript. Tagung des Deutschen Vereins für öffentliche und private Fürsorge zu dem Thema »Suizid im Alter«. Frankfurt.

WELZ, R.; VÖSSING, G. (1988): Suizide im Alter: Veränderungen der Suizidziffer älterer Menschen in der BRD im zeitlichen Verlauf von 1953 bis 1986. In: *Der Nervenarzt*, 59, S.709–713.

WETTSTEIN, A. (1993): Milieutherapie beim depressiven Betagten. In: HELL, D. (Hg.): Die Depression des alten Menschen. Heidelberg, S.99–114.

WIEGAND, M.H. (1997): Schlafentzugsbehandlungen bei Depressionen im Alter. In: RADEBOLD, H.; HIRSCH, R.D. u.a. (Hg.): Depressionen im Alter. Darmstadt, S.158–160.

WITTCHEN, H.U.; HÖFLER, M.; MEISTER, W. (2000): Depressionen in der Allgemeinarztpraxis. Die bundesweite Depressionsstudie. Schattauer.

WITTCHEN, H.U.; SCHUSTER, P.; PFISTER, H.; MÜLLER, N.; STORZ, S.; ISENSEE, B. (1999): Depressionen in der Allgemeinbevölkerung – schlecht erkannt und selten behandelt. In: *Nervenheilkunde*, 18, S. 202–209.

WOLFERSDORF, M. (2002): Krankheit Depression: erkennen, verstehen, behandeln. Bonn.

WOLFERSDORF, M. (1992): Hilfreicher Umgang mit Depressiven. Göttingen.

WOLFERSDORF, M. u.a. (1988): Kliniksuizid und Depression: Einige Ergebnisse einer Kontrollgruppenuntersuchung. In: BÖHME, K.; LUNGERSHAUSEN, E. (Hg.): Suizid und Depression im Alter. Regensburg, S. 162–180.

WOLFERSDORF, M.; VOGEL, R. (1984): Depressionen bei Suiziden stationärer psychiatrischer Patienten. In: WELZ, R.; MÖLLER, J. (Hg.): Bestandsaufnahmen der Suizidforschung. Regensburg, S. 230–248.

## Die Autorin

Barbara Bojack, Jahrgang 1950, Dr. med., ist als Ärztin im Straf-
vollzug tätig sowie Lehrbeauftragte im Bereich Gesundheitswesen
und Sozialmedizin. Zu ihren Schwerpunkten gehört außerdem
die Alterspsychotherapie.

**Gisela Noy**
**Grauzeit**
Mein Weg aus der Depression
Edition Balance
ISBN 3-88414-250-X
224 Seiten, 12,90 Euro, 22,80 sFr

Eine schwere klinische Depression kommt einem »Erdrutsch« in der Persönlichkeit des Patienten gleich. Doch »wer einer Depression ins Gesicht schaut, muss vor ihr vielleicht nicht mehr davonlaufen«, stellt Gisela Noy fest. Nach einem misslungenen Suzidversuch »freiwillig« auf einer geschlossenen Station untergebracht, untersucht sie die Umstände und Beziehungen ihres Lebens. Und wenn auch der Weg aus der Depression ohne eine kleine rosa Tablette nicht möglich gewesen wäre, ist die Befragung der eigenen Lebensgeschichte doch Bedingung der neu gewonnenen Lebensfreude und anhaltenden Gesundheit.

Ein Erfahrungsbericht, der Angehörigen und Betroffenen Mut macht, sich mit der schweren, aber gut behandelbaren Krankheit Depression ganz persönlich auseinander zu setzen, und auf der anderen Seite allen psychiatrisch Tätigen hilfreiche Einsichten für den Umgang mit suizidgefährdeten Patienten gewährt.

**Manfred Wolfersdorf**
**Krankheit Depression**
**erkennen, verstehen, behandeln**
Rat!schlag
3-88414-246-1
220 Seiten, 12,90 Euro / 22,80 sFr

Wolfersdorf zeigt in diesem Ratgeber, wie man die Erkrankung erkennen kann und welche Ausprägungen der Depression es gibt. Zentrale Themen sind das Verstehen der Erkrankung und die Information über Behandlungs-möglichkeiten. Anschaulich und differenziert stellt er Ursache, Verlauf und die unterschiedlichen therapeutischen Angebote vor.
An zahlreichen Beispielen zeigt M. Wolfersdorf zudem, welch großen Einfluss kritische Lebensereignisse für den Ausbruch der Krankheit haben.

**Wegbegleiter Psychotherapie**
von *Rosemarie Piontek*
Rat!schlag
ISBN 3-88414-320-4
240 Seiten, 12,90 Euro, 22,80 sFr

»*Auf dieses Buch haben vermutlich viele Menschen gewartet.*
*Es beantwortet alle Fragen, die sich stellen, wenn man eine Psychotherapie*
*in Erwägung zieht.*« Helgard Roeder, Psychologie heute

Dieses Buch gibt konkrete Tipps für die Suche nach einem Therapieplatz, hilft beim
Einstieg in die Therapie und ermutigt, während des Therapieprozesses eine selbst-
bestimmte und aktive Rolle einzunehmen.
Entstanden aus der Begegnung und jahrelangen psychotherapeutischen Zusammen-
arbeit mit Klienten und Klientinnen orientiert sich der Ratgeber an ihren Bedürfnissen
und Fragen.
Er benennt Merkmale hilfreicher Therapie genauso wie die problematischen Punkte
in psychotherapeutischen Beziehungen und Versorgungsstrukturen. Hilfreiche Fragen
unterstützen die Beobachtung und Bewertung des Therapieprozesses und der
Therapiequalität.

**Ika Scheidgen**
**Meine Freundin Johanna**
Ein Leben mit Manie und Depression
Edition Balance
3-88414-341-7
272 Seiten, 13,90 Euro / 24,60 sFr

Warum wird der eine Mensch verrückt und der andere nicht? fragt sich die Autorin,
als sie dem Leben ihrer an manisch-depressiven Schüben leidenden Freundin Johanna
nachspürt. Sie nimmt die Perspektive der anteilnehmenden Freundin ein und schafft so
für die Leser eine Spur für die einfühlsame Annäherung an eine Krankheit, die durch die
Stimmungsschwankungen des Betroffenen von Angehörigen und Freunden nicht
immer leicht mitzutragen ist.

Psychiatrie-Verlag gGmbH, Thomas-Mann-Straße 49 a,
53111 Bonn, Tel. (02 28) 7 25 34-11, Fax (02 28) 7 25 34-20,
E-Mail: verlag@psychiatrie.de, Internet: www.psychiatrie.de/verlag